Manual de supervivencia para estudiantes de Derecho

Manual de supervivencia para estudiantes de Derecho

JAVIER GARCÍA DE TIEDRA GONZÁLEZ

© 2021 Javier García de Tiedra González

Diseño de cubierta: Álvaro García de Tiedra González
Imagen de cubierta: © Alexandersicov / *123RF*

ISBN: 979-8746280992

Impreso por Amazon Fulfillment en Europa

No se permite la reproducción total o parcial de este libro, ni su incorporación a un sistema informático, ni su transmisión en cualquier forma o por cualquier medio, sea éste electrónico, mecánico, por fotocopia, por grabación u otros métodos, sin el permiso previo y por escrito del autor. La infracción de los derechos mencionados puede ser constitutiva de delito contra la propiedad intelectual (Art. 270 y siguientes del Código Penal).
Diríjase al autor si necesita fotocopiar o escanear algún fragmento de esta obra. Puede contactar con el mismo a través de su correo (javier.garciatiedra@mail.uca.es).

Índice

Introducción 7

Parte I
SUPERAR LA CARRERA DE DERECHO

1. Conoce tus debilidades y evita distracciones en tu día a día ... 10
2. Vuestro profesor es vuestro jefe 17
3. Acudir a clase presenta muchas ventajas 20
4. Con los compañeros, siempre generosos 28
5. Preparar vuestros propios apuntes merece la pena 32
6. Memorizar, el método de estudio más eficaz 36
7. Saber cuándo pedir ayuda: el recurso de las clases particulares 46
8. ¿Estudiar por la noche o por la mañana? 49
9. Hablar en público: cuanto antes nos acostumbremos mejor 52
10. Medios para mejorar la expresión oral y escrita 54
11. Manteneos en forma 58
12. Estudiar un año en el extranjero merece la pena 61
13. Si puedes, apúntate como alumno colaborador 64
14. Visita Juzgados y Tribunales 67
15. A mayor motivación, mayor rendimiento 69
16. La prueba final: pautas para el TFG 73

Parte II
SALIDAS PROFESIONALES

17. Oposiciones 80
18. Abogacía 86

19.	Banca y seguros	92
20.	Docencia universitaria	95

Conclusiones, contacto y agradecimientos 97

Introducción

En esta vida que nos ha tocado vivir, desafiante a la par que maravillosa, tenemos en la práctica dos opciones para ir avanzando: aprender de nuestros errores, o aprender de los errores de terceros.

El objetivo principal de este libro, que me he decidido a escribir en una soleada mañana de domingo, es que seáis capaces de acabar vuestra carrera de Derecho. El secundario, pero no por ello menos ambicioso, es que tardéis lo menos posible y que vuestro paso por la Universidad sea ameno, que aspiréis a disfrutar del camino.

Si os habéis decidido a adquirirlo, probablemente o bien estáis cerca de comenzar vuestros estudios, o bien os encontráis ya lidiando con estos y os están costando. Se suele decir, muy acertadamente, que nadie aprende en cabeza ajena, y los que todavía no habéis empezado probablemente en determinados momentos del libro pensaréis que estoy exagerando; nada más lejos de la realidad, como bien sabrán aquellos cuya preocupación en su día a día sea tratar de reconducir su paso por la Universidad, si te confías en cada partido lo perderéis por goleada.

Los libros de auto-ayuda tienen inexplicablemente mala fama. Probablemente porque si lo quieres hacer bien, si quieres aportar valor al lector, tienes que ser muy transparente y reconocer tus errores. Yo, como tantos otros alumnos, no tuve la suerte de contar con la experiencia de un amigo o familiar que también hubiese cursado Derecho, y cometí errores. De estos aprendí, me adapté y acabé la carrera, pero si me hubiesen contado lo que os voy a contar, probablemente me habría ahorrado muchos dolores de cabeza. Espero que os sea muy útil.

Este no es el primer libro que escribo, y dentro de lo que es mi estilo me gusta la cercanía, dirigirme al lector como si de un amigo al que aprecio se tratara. En el fondo, y en cierto modo, le estoy hablando a mi yo de hace ya muchos años, a ese chaval imberbe de dieciocho años que iniciaba su paso por la Universidad de Cádiz. Casi puedo imaginarme ahora, en un rincón de mi despacho, la cantidad de palos que he coleccionado. Estos te hacen más fuerte, y desde luego alguno os llevaréis con independencia de que me hagáis más o menos caso, pero mi objetivo es que sean los menos posibles y que su impacto también sea limitado.

Esto no deja de ser una pequeña guía, una ayuda para triunfar en cada una de esas batallas que supone la guerra de acabar con éxito vuestra carrera. Pero de nada sirve a un general el mejor plan si luego no se esfuerza a diario en ejecutarlo debidamente. Y esto, damas y caballeros, es un camino que se recorre a diario. El éxito en su caso será vuestro, pero a cambio dependerá de vosotros merecerlo.

Sin más, comenzamos. Os deseo una entretenida y sobre todo útil lectura.

PARTE I

Superar la carrera de Derecho

El objetivo principal de este libro es daros una serie de pautas, en base a lo que yo he vivido, para ayudaros a superar la carrera, y a hacerlo de la mejor forma posible.

Vamos a tratar en definitiva todo aquello que directa o indirectamente os vaya a ser útil saber para ser más competitivos en vuestros exámenes, como las variadas razones para asistir a las clases, la preparación de apuntes, que como veremos también tiene su miga, o los métodos de estudio para que os cunda más el tiempo cara a aprobar las asignaturas.

Una vez finalicemos con esta primera parte, y pensando en el momento en el que hayáis finalizado la carrera, os contaré mi experiencia en el mercado laboral, tanto para que seáis conscientes de las ventajas e inconvenientes de cada profesión, como para que en su caso podáis ir preparándoos con antelación.

1

Conoce tus debilidades y evita distracciones en tu día a día

Cuando uno empieza una carrera dura como es Derecho, debe ser consciente de que si no está plenamente centrado, en la mayor parte de los casos el estudiante tendrá todas las papeletas para no aprobar todas las asignaturas que le gustaría. Y en estar centrado influye el conocerse uno a la perfección, ser consciente de tus debilidades y hacer lo que sea preciso para que estas no supongan un obstáculo para ir aprobando y acabar la carrera (aquí por cierto, si tenéis otros amigos en la rama de letras, pero que van a estudiar otras carreras, como pudieran ser Publicidad, Periodismo o Magisterio, dicho desde el mayor de los respetos, tenéis que asumir que van a conseguir aprobar, de hecho que tenderán a lograr buenas notas, no estudiando demasiado). Deberéis aprender a tener también personalidad y a saber lo que os podéis o no permitir.

También por otro lado, en vuestro favor, debo deciros que de poco sirve estudiar una carrera muy bonita sobre el papel, si luego es muy complicado dedicarte a ello. En el caso de mis amigos, la mayoría ha acabado trabajando en profesiones totalmente diferentes a las propias de sus carreras (algunas de ellas, de hecho, profesiones para las que no se requerirían estudios universitarios).

A lo que voy es que estudiar Derecho exige mayores sacrificios, pero también podréis aspirar a mayores premios. Yo por ejemplo aunque soy Abogado, me dedico principalmente a las finanzas, y para ello me vino muy bien estudiar Derecho (esta es quizás la carrera más todoterreno que existe). Mis amigos de la carrera o ahora son Abogados, o están opositando para trabajos relacionados con Justicia (por tanto me reitero: mayor sacrificio, pero también mayor premio cuando alcancemos a la meta).

Adicciones que pasan por aficiones

Como os he comentado, dedico buena parte de mi día a día a las finanzas. No hago nada arcano en la Bolsa de valores, ni voy especulando en el corto plazo, algo que por otro lado siempre acaba mal; no, a lo que me dedico es a calcular cuánto valen las multinacionales que cotizan en Bolsa, estudio sus modelos de negocio y cuánto van a ganar a futuro: si luego constato que valen más de lo que me ofrecen en Bolsa los compro, y si luego en esta me ofrecen por venderlas un precio exagerado, pues las vendo (o me las quedo para que sigan aumentando su valor, según el caso).

El asunto, volviendo al estudio de Derecho, es que los mejores negocios han resultado ser aquellos en los que su consumidor es, de una u otra manera, un adicto. Esto es incómodo de decir, pero es así, y debéis ser conscientes de que estos negocios mueven mucho dinero, y que vosotros, todos nosotros, somos el objetivo.

Videojuegos

Mal empezamos, pensaréis, si este señor pretende que deje yo de jugar al Call of Duty, al FIFA o al League of Legends. Bueno, pues igual no os queda otra, el problema de las adicciones es que en primer lugar al adicto le cuesta reconocer que lo es, y en segundo lugar que dejarlo requiere mucha fuerza de voluntad.

Si no habéis comenzado vuestros estudios, probablemente pensaréis que exagero si os digo que los videojuegos pueden ser un obstáculo para acabarlos (si estudiáis una carrera que no requiere mucho estudio, igual no, pero en el caso del Derecho vais a tener que estudiar y mucho, además casi todo como veremos será memorizar).

El hecho de estudiar requiere fuerza de voluntad, y es mucho más fácil que esta no flaquee cuando no tienes tentaciones. Así, si estamos estudiando una materia especialmente compleja, tendremos la tentación de rendirnos de antemano si tenemos la PS5 a veinte segundos de distancia. Nunca pretendáis que una actividad entre comillas desagradable, o que al menos no se disfruta, compita con algo tan divertido como echar un rato con la consola o el ordenador.

Una forma de ver si un negocio se basa en una adicción es echarle un ojo a sus resultados empresariales, es decir, observar qué tal le ha ido a largo plazo a los beneficios del negocio. Veamos los beneficios en los últimos quince años de los encargados de diseñar cada año juegos como FIFA o Call of Duty, como Electronic Arts o Activision Blizzard.

Electronic Arts en el año 2006 presentó 198 millones de euros de beneficios; en 2020, 2.750 millones (también es verdad que hubo un boom por la pandemia, en 2019 fueron 902). Activision Blizzard por su parte, de 33 millones de euros en 2006, a 1.806 en 2020 (1.353 en 2019, un año más normal). Podría hablaros también de Nintendo o de Paradox, y sucedería lo mismo: la industria de videojuegos es un negocio excelente porque sus consumidores son adictos a ella (cada año incluyes una nueva generación de adolescentes, y los jóvenes siguen siendo clientes cuando pasan a ser adultos).

Y oye, no pasa nada por jugar a videojuegos. El año que terminé Derecho me di un buen festín, pero durante la carrera tuve que apartarlo, porque se reconozca o no, se convierte uno en un adicto (y te das cuenta cuando te toca estudiar o resumir apuntes de materias áridas).

Así, en mi segundo año de carrera, nada más empezarlo, me di cuenta de que en primero los videojuegos me habían afectado a ser capaz de estudiar día a día, y una buena mañana me puse drástico y lo vendí todo (es un negocio tan bueno que hasta tienes tiendas para vender la consola o los juegos de segunda mano, hacerlo fue un acierto por mi parte).

Es verdad que en la biblioteca no tenéis la tentación de los videojuegos, pero como veréis yo soy de la opinión de que hay que memorizar para aprobar, que no queda otra y que no se puede andar pretendiendo aprobar simplemente leyendo el manual. Y para memorizar por lo general tendréis que hacerlo en voz alta, y para esto tendréis que estar en vuestra habitación, en casa, y aquí salvo que lo solventéis, tendréis la tentación de la consola o el ordenador al lado.

Redes sociales

Me lo estoy viendo venir, Javier nos quiere dejar sin consola y sin Twitter o Instagram. Pues igual le tenéis que dar una pensada sí.

El negocio de las redes sociales es tan bueno porque combina dos circunstancias: por un lado es adictivo, y por otro lado es una adicción en el que entra en juego por lo general nuestro ego. Es una combinación que ha resultado ser un negocio tremendamente bueno. Veámoslo con Facebook, que también es dueña de Instagram.

Facebook en el año 2010 presentó beneficios de 458 millones de euros. En el año 2020, estos ascendieron a 23.958 millones, los multiplicó por cincuenta y dos (viendo los datos, igual deberíamos dejar los videojuegos y las redes sociales, e invertir una parte de nuestros ahorros en convertirnos en accionistas de ellas).

Con Facebook o Instagram, cuando nos dan *me gusta* a nuestras fotos o publicaciones, alimentamos nuestro ego, y con el tiempo es éste el que se va volviendo un adicto. Nos genera ansiedad no consultar trescientas veces al día la correspondiente aplicación para ver si nos hemos perdido algo, y cuando estamos agobiados, por ejemplo por tener que estudiar, crece nuestra ansiedad y lo miramos más todavía. Luego cuesta concentrarse porque al mas mínimo agobio nos vamos a nuestra aplicación a actualizarla.

En mi experiencia, si detectamos que para nosotros está siendo realmente un obstáculo, lo mejor que podremos hacer es poner los videojuegos y las redes sociales en stand by, y centrarnos en lo que de verdad importa ahora, que es aprobar la carrera.

Superar el imperativo institucional

En el mundo de los negocios y las empresas, las empresas superan el imperativo institucional cuando se resisten a hacer lo que hace toda su competencia, bien porque hacerlo no es lo correcto o bien porque no es lo más racional (también se llama a veces efecto manada, tendemos a seguir lo que hace la mayoría, el colectivo).

Dejar las redes sociales o los videojuegos puede haceros parecer unos exagerados. Seguramente de hecho pensaréis de primeras que el exagerado soy yo por plantearlo. Al final hablo por experiencia propia, pero si os va mal la carrera, probad un mes a desconectar de lo uno y lo otro, y valorad entonces si vuestra concentración o rendimiento ha mejorado o no.

Como se suele decir, "ande yo caliente, y ríase la gente". Aquí pasa lo mismo, si durante la carrera dejáis videojuegos y redes sociales, ya os digo yo que ni se acaba el mundo, ni nadie se acordará en unos años; sin embargo, si no hacerlo os costó dedicar más años de vuestra vida a acabar la carrera, no se os va a olvidar nunca, y os arrepentiréis (de hecho os costará más encontrar trabajo luego, mala combinación).

Igual no podemos salir tanto como nos gustaría

Definitivamente estaréis ya convencidos de que aspiro a convertirme en vuestra madre. Quizás es que los padres saben algo del tema, por haber sido también jóvenes y muchas veces universitarios (por eso, y también porque quieren lo mejor para nosotros a largo plazo).

En mi caso me di cuenta de que no era capaz de centrarme en el estudio si cada dos por tres me surgía algún plan con amigos (sobre todo cuando mis amigos estudiaban carreras en las que aprobaban la mayoría sin estudiar demasiado -los que estudiaban Derecho sí que me entendían-). También uno se da cuenta de que, después de tomarme unas copas por la noche, acostándome y levantándome tarde, no era capaz al día siguiente de rendir, era un absoluto desastre, un día perdido (esto a lo mejor es asumible un sábado, pero si pierdes el viernes por salir el jueves, y luego los fines de semana no estudias, porque también sales, pues te quedan solo cuatro días de estudio, poco más de la mitad de la semana).

Y no hablo únicamente de salir de discotecas y botellón, hablo de planes entre semana, de lo que sea. Estudiar es tu trabajo, y los trabajadores normalmente trabajan los viernes, mi recomendación personal es que también valores hacerlo tú.

Por tanto, la cosa va de ser exageradamente honesto con uno mismo. En mi segundo año de carrera, después de llevarme en el primero palos para dar y regalar, decidí vender toda consola que tuviese por casa, borrar mi cuenta de Twitter -por aquel entonces Instagram casi ni la conocíamos- y poner entre semana mi móvil en modo avión. Al principio resultó incómodo y hubo algo de rechazo con los amigos, pero luego lo entendieron, les seguía viendo los fines de semana y como buenos amigos que eran, se alegraron de que me diera resultado. Desde que lo hice, junto a un cambio en mi método de estudio que luego veremos, empecé a remontar a marchas forzadas, y además con buenas notas.

A lo que voy con esta primera reflexión, es que cada persona es un mundo, y que debéis ser consecuentes con vuestras propias circunstancias. Igual sois capaces de separar el rato de videojuegos del de estudio, no os supone mucho perjuicio echar un ojo al móvil o podéis rendir en un día de resaca. Lo importante es que seáis honestos, veáis vuestros puntos débiles y hagáis lo necesario para que no os supongan un problema.

¿Cómo no equivocaros valorando si estas adicciones o distracciones son un problema para vosotros? Es sencillo. Si cada vez que vais a estudiar, os agobiáis al poco rato, abandonáis y miráis ansiosamente el móvil o acudís a la consola o el ordenador, sois adictos. Suena fatal pero buena parte de la población joven lo es hoy día, lo importante es aprobar y hacer lo que haga falta para lograrlo.

Eliminad distracciones en vuestro lugar de estudio

Tras empezar en segundo a estudiar de memoria, y en voz alta, pasé de estudiar en la biblioteca a hacerlo en mi habitación. Si lo pensamos no queda otra, no es plan de andar molestando a todos en la biblioteca recitando nuestros entretenidos apuntes, y por otro lado tampoco está permitido.

Como os he comentado, lo ideal es nada de móviles y de videojuegos cerca. Yo lo llevaba a otro nivel, eliminaba cualquier posible distracción por mínima que sea. Me levantaba, no miraba el móvil, que dejaba en modo avión, y tras desayunar tenía ya la mesa de estudio preparada, limpia, con todo ordenado, y en la misma únicamente un atril con los folios ya impresos de lo que me tocaba memorizar ese día (o bien el portátil con el internet desconectado, si me tocaba hacer apuntes).

Cada persona es un mundo, pero a mi me fue bien así. Cuando estéis estudiando, tendréis días mejores y días peores. Si os agobiáis, lo importante es que no tengáis la tentación de tirar el día por la ventana y ceder al impulso de jugar a la consola, o mirar ansiosamente las redes sociales. Tenéis derecho a agobiaros, pero si pasa, es mucho mejor salir media hora de la habitación, relajaros, tomar quizás un café o un aperitivo, daros un paseo, y luego volver a enfrentaros a esos folios (yo me organizaba de forma que cada día tenía que estudiarme un número determinado de los mismos, y si un día fallaba, me aumentaban los folios que iba a tener que estudiarme el resto de días de período de exámenes). La clave es incluir incentivos para mejorar en vuestro día a día como estudiantes, y eliminar de raíz las tentaciones.

2

Vuestro profesor es vuestro jefe

Las implicaciones de esto son varias, en la práctica para vosotros vuestro profesor es ni más ni menos que como el jefe para un trabajador de cualquier empresa. De hecho vuestro trabajo es aprobar.

Salvo que os digan lo contrario, tratadlos de usted

Debéis dirigiros a ellos con todo respeto. Todos hemos tenido profesores a los que hemos admirado, otros que han pasado por nuestra vida sin pena ni gloria, y otros que no podemos entender cómo pueden estar dando clases, pero vuestro opinión sobre ellos a estos efectos da lo mismo.

Tenéis que tratar a vuestros profesores como si realmente fuesen vuestros jefes en el trabajo, y el tratamiento debe ser formal, salvo que os animen a hacer lo contrario (si este es vuestro trabajo, lo último que queréis es que os echen del mismo por falta de respeto a vuestro jefe, o que no os suban el sueldo).

Ser educado con vuestro profesor no es un factor importantísimo cara a aprobar o suspender, es verdad. Pero siempre existe un pequeño margen para la subjetividad en el caso de los profesores, no solo a la hora de valorar vuestros exámenes, sino también a la hora de valorar vuestros trabajos, vuestras prácticas, o simplemente al decidir en febrero si un 4.75 es un 5 o es un 4. Sale muy barato ser educado, y echar a perder el esfuerzo de muchos días por no serlo es una verdadera pena (yo he tenido la suerte de recibir una buena educación, y haciendo honor a esta y a mis padres he tratado siempre exquisitamente a mis profesores, pero he visto a personas en la carrera ir siempre con el viento de cara por sus malos modos con el profesorado).

En segundo lugar tenéis que entender a vuestros profesores, ver lo que les gusta, lo que valoran y lo que no soportan (el día que trabajéis os pasará igual, pero el evaluado será un compañero de trabajo, vuestro jefe o un cliente). La manera más directa de entender a vuestros profesores es ir a clase. Como veremos, este no es el único de los motivos para acudir frecuentemente al aula.

El día que acabéis vuestros estudios, os tocará enfrentaros a otra etapa, la laboral, en la que encontraréis otros desafíos pero uno seguirá siendo similar: hay que convivir con los jefes. Los tendréis maravillosos, otros dejarán que desear, y en general salvo que cometan alguna ilegalidad, que algún caso siempre existirá aunque en mi experiencia muy minoritario, lo mejor es tragarte tus palabras y orgullo e ir a lo tuyo. Si suspendes el único que perderá serás tú.

En el trabajo y en el aula, viste correctamente

Y con esto, nadie os está diciendo que tengáis que ir sí o sí con camisa o el caso de las chicas muy arregladas, hablo de evitar faltarle el respeto al profesor con vuestra indumentaria.

Os pongo un ejemplo, da una imagen terrible ir a clase con chanclas o bañador. Esto quizás en otras partes sería impensable ya solo por su lejanía con la playa y el buen tiempo, pero en Cádiz, en el sur de España, no fueron pocas las ocasiones en las que vi compañeros y compañeras que acudían a clase como si estuviesen en la playa. Y la cara del profesor era un poema. Esto es como si eres Abogado, te vistes arreglado, con tu traje y corbata, no solo porque te pueda gustar más o menos, sino por respeto a tus clientes y a otros profesionales del Derecho.

Otro ejemplo, venir a clase en chándal. No era nada raro el que venía ya en chándal para ir después de clase al gimnasio, o peor, que venía a clase después del gimnasio sin cambiarse. A mi como alumno de verdad que me daba igual, pero me ponía en el lugar de los profesores, y efectivamente, su cara era de tomárselo como una falta de respeto a su persona.

¿Le ha costado a alguien suspender por ir incorrectamente vestido a clase? Pues de primeras por lo que a las clases se refiere imagino que no, en días de exámenes sí -o al menos, le han mandado a casa a cambiarse, con la consiguiente pérdida de tiempo-, pero es lo que comentaba anteriormente, aunque no influya en la nota, siempre es mejor que los profesores tengan una buena imagen de vosotros que una mala, y no solo vuestros profesores sino también vuestros compañeros (igual vosotros un día sois abogados, y ellos trabajan en otras profesiones y os necesitan, pues igual se acuerdan de lo imagen que solíais dar yendo en chanclas a clase, no es serio).

Podría decir lo mismo del desaliño. Mejor afeitado que desaliñado, o si luces barba, pues qué menos que llevarla cuidada. En mi opinión, las primeras impresiones importan (igual hasta está el amor de vuestra vida en vuestra clase, y lo estáis echando a perder antes de empezar por no cuidar un poco vuestra imagen, hacedme caso y no seáis cutres).

3

Acudir a clase presenta muchas ventajas

Cuando aterrizas en la universidad, especialmente en Derecho, lo haces en un mundo de libertades y responsabilidades, pasas de que te traten en el colegio como a un niño pequeño a ser de golpe un adulto. Y la libertad está muy bien, pero también suele implicar, y en este caso implica, responsabilidades (esto es un poco como esas películas del estilo *Gangs of New York*, en las que el ilusionado inmigrante, irlandés en este caso, un fantástico DiCaprio, se acerca al puerto de Nueva York con la flamante Estatua de la Libertad de fondo, con la esperanza de vivir mucho mejor que en su país de origen, y nada más aterrizar es recibido a pedradas y descubre lo que hay, que se tiene que buscar la vida). Si uno se organiza la vida puede ser maravillosa, pero regalarte no te regalan nada, y esto lo veréis ya en la universidad.

En este sentido, uno de mis errores en mi primer año de carrera fue no acudir a la mayoría de clases. Nadie te obliga a ir por lo general, y la tentación es esa arrogancia de dar por hecho que con estudiar en casa ya vas sobrado. Esto es como veremos un error.

Cada asignatura es un mundo, y de las reglas del juego te enteras en clase

De nada te sirve tener mucha capacidad intelectual, o ser una persona muy constante en el estudio, si esos esfuerzos están mal canalizados. Y si ya encima no eres especial en este sentido, pues si no vas a clase y te enteras de todo lo importante, algo que en definitiva es una ventaja, en los exámenes tendréis las de perder.

Os vais a encontrar por ejemplo profesores que han redactado su manual, y que tienen un incentivo muy fuerte para que solo se apruebe con lo contenido en el suyo. No es solo el incentivo económico, ya que al fin y al cabo perciben una cantidad por cada libro vendido -y a algunos profesores les pagan muy mal, me consta-, sino también es un incentivo como académicos (uno puede pensar que el Derecho es uno y que en todos los manuales van a contaros lo mismo... debo advertiros de que no siempre es así, y además podéis tener la mala pata de que os toque el profesor que defiende la corriente minoritaria de determinada parcela del Derecho, y que justo acudáis al examen defendiendo la mayoritaria, algo que probablemente acabará mal).

Hay profesores que en la ficha de la asignatura os darán una bibliografía para su estudio, pero que en el fondo no creen en la misma, te la incluyen porque todos tienen que dar una. En realidad lo que quieren es que les escuchéis en clase, toméis apuntes y que os sepáis sus explicaciones al dedillo.

Luego hay ocasiones en las que el profesor no cree demasiado en la importancia de la teoría y de memorizar, y sí en el valor de la práctica, y en el examen pregunta casos prácticos que ha explicado en clase. Casos prácticos además llamativos y que no se te iban a olvidar con facilidad. Asignaturas como esta, que por otro lado no abundan, las ibas a poder aprobar con mucha facilidad si hubieses acudido a clase, pero como estabas en casa haciendo no se qué no te enteraste (y aún habiendo estudiado el manual o los apuntes que encontraste por internet, puede que te suenen a chino).

También puede darse el caso, y doy fe de que se da, de que a un profesor le moleste que vayan muy pocos alumnos a escucharle, y decida entre comillas favorecer a los que van, incluyendo por ejemplo un parcial eliminatorio muy favorecedor para los mismos, en el sentido de ser más fácil de aprobar en ese momento que en el examen final (y nadie os va a avisar de esto si no tenéis amigos presentes, para lo que tendréis que haber ido antes a clase a conocerlos).

Piensa en las motivaciones del profesor, y rema en esa dirección

Una cualidad que nos vendrá estupendamente bien en la vida, es aprender a empatizar, a ponernos en el lugar de los demás. Y aquí haremos bien en cerrar los ojos y por un momento darle una pensada a qué es lo que un profesor busca conseguir en sus clases en la Universidad.

Por supuesto, podríamos pensar que el profesor viene a clase a ser escuchado, a impartir tranquilamente la lección de la jornada y a retornar a su casa a vivir su vida. Sin duda, pero con el tiempo descubriréis que la mayoría de las personas no buscan en el trabajo únicamente cumplir, recibir su salario e irse a casa. Todos queremos algo más, queremos sentirnos realizados y sentir que nuestro trabajo sirve para algo importante, porque es la única forma de que todas esas horas que echamos en el trabajo las disfrutemos (y el lugar donde más tiempo vamos a pasar en la vida, aparte de en la cama durmiendo, es trabajando).

Un profesor de Derecho que llega a sus clases de primero, y se las encuentra medio vacías y además observa cierta apatía o aburrimiento en los pocos alumnos que han acudido, difícilmente se va a sentir realizado. Vosotros no podéis hacer nada para que más alumnos acudan a clase, pero sí podéis esforzaros en demostrar interés por la asignatura y por lo que en definitiva el profesor os está enseñando.

Aquí debo señalar que a nadie, o para ser más exactos, a casi ninguno de los profesores les tenderán a gustar los alumnos pelotas. No se trata de hacer varias preguntas tontas todos los días que tengáis clase con el profesor. Os hablo de interés genuino por la asignatura, no de andar fingiendo que tenemos interés (se nota a la legua el falso interés, y esto se aplica a la vida en general). El profesor no os dará puntos por hacerle perder el tiempo y el resto de la clase os cogerá manía (también, debo decir aquí, que os podéis encontrar a alumnos que aparentemente pregunten al profesor preguntas obvias para tratar de ganar algún punto, y que realmente lo que les pasa es que de verdad les cuesta entender lo que para la mayoría no tiene misterio... por esto, porque nunca sabréis si se trata de lo uno o de lo otro, mi recomendación como personas, ya no como estudiantes, es que no les juzguéis, o al menos, porque podríais estar cometiendo una injusticia -y por otro lado, cada uno se las apaña como puede para aprobar-).

Lo que sí os aportará mucho valor es hacer puntualmente preguntas inteligentes. Pero para hacerlas tendréis que llevar la asignatura al día, aunque sea por ir haciendo vuestros propios apuntes. A estos alumnos los valora el profesor, porque siente que alguien de verdad le está escuchando, que manifiesta interés en definitiva por la materia a la que él ha consagrado buena parte de su tiempo en esta vida. Yo os puedo asegurar que esto da puntos (en mi caso, no me sirvió para aprobar, porque en esta etapa ya más centrada de mi paso por Derecho no me solía hacer falta, pero si me ayudó a mejorar mis notas).

Algo no menos importante de hacer preguntas cuando lleváis la asignatura al día, o de responder a alguna pregunta del profesor, es que cada equivocación será una lección que no se os va a olvidar el día del examen. Como veremos en un capítulo específico, el que tiene boca se equivoca, no pasa nada, nadie os juzgará por ello y es como más se aprende.

Además, si bien nadie soporta a los pelotas, vuestros compañeros y amigos si tenderán a valorar, incluso a admirar, a esa persona que hace fácil lo que a ellos les cuesta tanto. En la vida sucede lo mismo, los líderes naturales suelen tener ese perfil.

Otra fantástica ocasión para demostrar interés es a través de las prácticas. Hacer aquí un trabajo excelente puede ser un dos por uno: por un lado podrás obtener muy buena nota en una parte de la asignatura que tenderá a hacer media con el examen cara a la nota final, y por otro lado demostrarás interés al profesor, algo que como he señalado podrá inclinar la balanza hacia un escalón u otro de las notas (un 6.6 puede ser aquí un bonito 7 si el profesor os valora, o un gris 6 si no sabe ni quiénes sois, o si en clase os pilló charlando más de la cuenta y tomó nota).

Un amigo es un tesoro, pero es complicado hacer amistades quedándote en casa

Hay quien tiene la suerte de llegar a la universidad con amistades previas. Los hay todavía más afortunados que de esos cuatro grupos de primero en lo que se divide la promoción anual de Derecho, le tocan sus amigos en su misma clase. Pero ya os digo yo, y sino lo descubriréis vosotros, que esto ni es tan fácil ni es lo habitual.

Si sois tímidos, y yo siempre lo he sido -algo menos con el paso del tiempo-, se os puede hacer esto que os cuento cuesta arriba, pero es que no queda otra, utilizad los medios que queráis pero buscaos amigos en vuestra clase.

Es tentador pensar que sois auto-suficientes y que vosotros solos podéis con la carrera. Puede ser así en algunos casos puntuales, casos de personas que probablemente no necesitarán leer libros como este que os he escrito, pero para la mayoría tener alguien que os acompañe, que os eche un cable cuando os haga falta, o que simplemente os consuele cuando las cosas no salgan como habíais previsto, va a ser muy importante.

Durante mi paso por Derecho, marcó para mi un antes y un después conocer al que luego, diez años más tarde, sigue siendo mi mejor amigo. Para entonces estaba yo muy centrado, él no tanto, pero mi amigo lo suplía con una gran inteligencia. El caso es que supuso para mi la diferencia entre poder disfrutar del camino de estudiar Derecho, o recorrerlo sin hacerlo (ir a todas las clases tiene más gracia si uno va en buena compañía, quiero pensar que fue mutuo). Curiosamente éste empezó tras acabar la carrera a preparar Judicatura, y se centró a niveles que más quisiera el alumno más dedicado de cualquier clase de Derecho (algo que descubriréis cuando hayáis acabado Derecho, y observéis a personas que se atreven con retos como oposiciones duras como esta que menciono, es que en realidad no era para tanto la carrera -aunque bueno, cuando empiezas Derecho lo que parecía un juego de niños era Bachillerato, cada nuevo escalón en la vida siempre parece mayor que el anterior-).

Por supuesto, de nada servirá enfrentar este reto acompañado, si esta persona o personas son fuente inagotable de distracciones o tentaciones. Se puede salir el fin de semana, vivir la vida, y ser un currante entre semana, como la mayoría de personas por otro lado, sean estudiantes o no (me reitero en que lo mejor es tomarse Derecho como si fuera tu trabajo, porque de hecho debería serlo).

De esta forma, si un día estás algo más perezoso, tu amigo o amigos tirarán de ti para que vayas a clase, y otros días lo harás tú por ellos. Si se ha planteado un plan de estudio, os costará más incumplirlo porque os sentiréis mal con vuestro grupo, y así con todo (es en la práctica algo parecido al gimnasio, a la gente le gusta ir acompañada por algo, pero si no vais centrados se os pasará la tarde y no habréis empezado a sudar).

Si vas a clase, aprovecha el tiempo

Cuando empecé la carrera, allá por el año 2010, empezaban a proliferar los portátiles en clase. A personas como a un servidor, que teníamos una letra bastante mejorable, y la rapidez tomando notas en papel no era lo nuestro, este constituyó un instrumento magnífico para preparar nuestros apuntes. Pero volvemos a lo mismo, también puede ser una mala herramienta, todo depende del uso que le des.

De nada sirve acudir a clase, si te vas a poner a jugar a un videojuego con tu portátil. Igual pensaréis que cómo se iba a atrever nadie a hacerlo, pues sí, yo lo he visto, partidas de varias horas de hecho. Probablemente sea el siguiente nivel del que se cree muy listo: como estoy enganchado a los videojuegos sigo jugando, pero lo hago en clase para así parecer que estoy siendo estudiante aplicado. Nada más lejos de la realidad, si algo tienen los videojuegos es que te abstraen de todo, estar en tu casa o en el aula de esa guisa equivalen a lo mismo (quizás este chico lo hacía por engañar a sus padres más que por engañarse a sí mismo, algo que en la práctica es todavía peor).

    Tampoco tiene sentido ir a clase para estar mirando las redes sociales o navegando por internet. Yo con esto era bastante estricto conmigo mismo, apagaba el wifi del portátil en clase como norma. Si nos pide el profesor que busquemos lo que sea, pues ya lo encendemos y lo buscamos, no se tarda nada. Pero las tentaciones hay que evitarlas, nada de internet porque sino no te vas a enterar de nada.

Cuando llevas la asignatura al día y tomas apuntes, las clases se pasan rápido

Recuerdo que esto para mi se convirtió en algo tan real, que cuando nos tocaba un profesor, que por suerte eran minoría, de los que hablaba tan rápido que uno no podía tomar notas, se me hacían mucho más largas sus clases.

    No hay nada peor que escuchar dos horas de una materia con la que no estás familiarizado, que a priori es bastante anodina, sin tener nada que hacer. Si te esfuerzas por tomar apuntes se te irá quedando la lección, porque no te queda otra que prestar atención para elaborar los apuntes, y además es lo que os he comentado, se os pasará la clase volando (por supuesto, si no tenéis mucho ritmo mecanografiando a ordenador, al principio os costará, pero llegará un momento que podréis seguir a la perfección a la mayoría de profesores). Y aunque está feo comentarlo, como la mayoría de los profesores serán conscientes también lo digo por aquí, los alumnos que preparan sus propios apuntes tienden también a grabar las clases por si no se pierden en determinado momento (ni que decir tiene que a los profesores tenderá a importarles esto mucho menos si las grabaciones luego se eliminan, y no acaban donde no deben).

A aquellos que se exponen a la suerte, a veces esta les sonríe

Como cualquier estudiante de Derecho, he echado muchas horas en el aula, y en la mayor parte de las ocasiones no sucede nada reseñable, el profesor nos expone la lección que le toca darnos y listo.

Sin embargo, con algunos profesores sí recibe uno algún que otro premio por acudir a clase. Preguntas que van a caer seguro, otras que el profesor reconoce que nunca ha preguntado y que no tiene intención de empezar a hacerlo ahora... tal y como os señalé, es de bien nacido ser agradecido, vuestro profesor es también un ser humano y tenderá a echar un cable a aquellos que muestren interés genuino en su trabajo.

Como os señalaré, a mi siempre me gustó ser generoso con mis compañeros, y si me enteraba de algo a estos que no venían a clase también se lo comentaba, pero ya os adelanto que en mi experiencia la generosidad no tendía a ser la norma, algo que por otro lado es perfectamente legítimo para los que se toman la molestia de ir a clase. Si no tenéis amigos en clase por otro lado, seguro que tampoco os va a avisar de esto nadie.

4

Con los compañeros, siempre generosos

Durante la carrera, nunca dejó de sorprenderme la falta de generosidad en la mayoría de compañeros de clase. Y es esta una postura legítima, quizás basada en la reflexión de que de alguna manera estábamos compitiendo unos contra otros a futuro (una forma de pensar que por otro lado a mi no me ha acabó nunca de convencer). A estos efectos, yo he sido y sigo siendo de la opinión de que siempre merecerá más la pena hacer aliados y ser generosos con ellos, que andar pensando si tal o cual un día te hará la competencia.

Apuntes: si te los preparas, compártelos

Si la norma, al menos en mi experiencia, era la que la generosidad entre alumnos brillase por su ausencia, más nos valdrá para empezar elaborar nuestros propios apuntes. Hemos visto las ventajas que tiene hacerlo: en definitiva las clases se nos harán más amenas, llevaremos todo medianamente al día y por último y seguramente lo más importante, estaremos comodísimos con ellos porque estarán hechos a nuestra medida (a final de la carrera, yo compartía ya mis apuntes con veinte o treinta compañeros).

Una vez hemos decidido no depender de nadie para garantizarnos que los materiales que deberemos estudiarnos son los que mejor nos vienen, podemos o compartirlos o no compartirlos. En mi experiencia hacerlo es una satisfacción personal, como si de una suerte de voluntariado se tratara, y además conoceremos a más personas y estas estarán agradecidas con nosotros.

Compartir los apuntes esperando a cambio algo más que la satisfacción de hacerlo, probablemente no sea la mejor inversión. Al final cuando te acostumbras a tener tus apuntes personalizados a tus especiales circunstancias, no querrás los apuntes de los demás, por lo que tampoco tiene mucho sentido aceptar los que puntualmente nos ofrezcan (alguna vez los acepté, más pensando en que quien me los dejaba sintiera que me estaba devolviendo el favor, no por nada, sino porque noté a esta persona incómoda por sentir que le debía algo a alguien). En el mundo laboral también me ha pasado, hay personas que sienten que todo favor debe devolverse, y no se sienten cómodas sintiendo que los deben a futuro.

En la vida hay que sembrar en cualquier caso. Si no os sentís cómodos compartiendo esos apuntes que tanto os ha costado preparar, no lo hagáis, pero lo cierto es que nunca se sabe si gracias a ello vas a hacer una gran amistad, o si incluso algún día, cuando estéis buscando trabajo, os pudieran echar un cable (lo bueno de disfrutar compartiendo, y hacerlo por el mero hecho de sentir satisfacción por ello, es que te van llegando sorpresas positivas que no esperabas).

El delicado asunto de los trabajos grupales

A lo largo de la carrera, os mandarán trabajos individuales y grupales. Los individuales por lo general no os plantearán ningún problema, se trata de hacerlos bien y listo. El problema de los grupales, es que te puedes encontrar gente más o menos seria, y aquí lo que os tocará es ser generosos con ellos y no darle muchas vueltas al asunto.

Un problema que tiene a veces la Universidad, es que trata de solucionar retos de buena fe, pero se equivoca en mi opinión en las soluciones. Hoy día por ejemplo está muy de moda el tema de fomentar el trabajo en equipo, y en el caso de Derecho se le trata de dar solución mandando muchos trabajos grupales.

"Me va a hacer usted un trabajo en el que junto a estos dos compañeros suyos buscarán la solución legal a este supuesto de hecho". En la práctica y salvo contadas excepciones, como por un lado resulta complicado dividir el caso en tres partes, y encima como mínimo te tocará un compañero que pase un poco -o bastante- del tema, al final se acabará encargando el miembro más voluntarioso y que lleve más al día la asignatura en cuestión. Buena nota para todos y a correr que queda mucho por delante.

Esto, que no sé si se llama generosidad o resignación por parte de quien se encarga siempre de hacer los trabajos, no deja de ser una pérdida de tiempo en la consecución de esto de fomentar el trabajo en equipo. De tres miembros del grupo uno pasa, un segundo se ofrece pero no acaba de encontrar muy bien en qué ayudar, y el último miembro del grupo, acaba pegándose la paliza para sacar el trabajo adelante, superar la asignatura y a otra cosa mariposa.

El problema aquí para los que establecen estos objetivos en los planes de estudios es probablemente el de no saber ver que el ser humano funciona por incentivos y desincentivos. Y si hay un incentivo para un alumno algo vago, para irse a jugar a la consola mientras un compañero le hace el trabajo, pues acaba cayendo en la tentación.

Si no habéis pasado ya por esto, quizás podríais pensar que de ninguna manera, que hay que plantarse y exigir a ese tercero en discordia que arrime el hombro. El problema es también que incluso si encontráis qué mandarle, algo complicado porque los casos reales normalmente cuesta resolverlos a trozos, os podéis encontrar con un trabajo mediocre, y para suplirlo os tocará hacerlo igualmente, quedando uno por el camino irremediablemente mal con esa persona, porque técnicamente le estáis diciendo que su trabajo no está a la altura. Y si sigue pasando del tema y no hace su parte, suspenderéis todo el grupo, y la cosa va de aprobar (si algún profesor lee esto, que le dé una pensada al asunto porque pasa y mucho).

En realidad estos trabajos, no dejan de ser el día a día del Abogado, y no hay nada más individual (he estado en despachos pequeños y grandes, y en ninguno mandaban un caso para tres personas, no tiene sentido). Si se tratara de un caso más grande y complejo, por ejemplo en el ámbito empresarial, con ramificaciones mercantiles, tributarias y constitucionales por ciertas algunas ramas, pues podrían encargarse tres especialistas. Pero para un caso de una única especialidad, de una rama concreta del Derecho, complicado.

Mi solución aquí consistía, una vez que había constatado que el trabajo se había estancado por lo anteriormente comentado, en darme la paliza y sacarlo yo solo adelante (cuando además hay que exponerlo oralmente, se acaba viendo por otro lado quién ha trabajado más o menos -algún momento incómodo he pasado al tener que responder las preguntas que le lanzaban a algún compañero del grupo, sobre su parte-).

Recordad que vuestro trabajo aquí es superar las asignaturas, hay que centrarse en hacerlo.

5

Preparar vuestros propios apuntes merece la pena

El mero hecho de preparar vuestros apuntes, salvo que tengáis mucha capacidad de memorización, no va a hacer que os los sepáis al dedillo. Pero a lo que sí puede ayudaros, y mucho, es a entender todo a la perfección.

¿Apuntes?, ¡no, estudia entero el manual!

Si le preguntáis al respecto a cualquier Catedrático, seguramente os dirá que los apuntes son una pérdida de tiempo, que son insuficientes y que la única vía para preparar bien su asignatura es estudiarte de principio a fin el manual que recomienden para cada asignatura.

En mi experiencia, los manuales son muy extensos, el tiempo es finito y no todos tenemos tanta capacidad para memorizar como ellos. Como se suele decir, y es una frase que me encanta, "lo mejor, suele ser enemigo de lo bueno". Si aspiráis a ser profesores universitarios, o a tener todo matrículas, no hagáis caso de este apartado, haced caso al Catedrático que al fin y al cabo sabrá más que yo del tema. Pero lo que sí tengo clarísimo, porque lo he vivido, es que no todos los grandes profesores son capaces de ponerse en el lugar de la mayoría de sus alumnos, y estos ni tenderán a tener su capacidad intelectual, ni su capacidad de trabajo o sacrificio.

Por lo demás, ya os adelanto que si bien no se acerca al nivel del que llega a Catedrático o logra muchas matrículas estudiándose tres manuales por asignatura, elaborar unos buenos apuntes no está exento de dedicar tiempo y sacrificio.

¿Cómo elaboraba yo mis apuntes?

Paso 1, entérate de qué es lo que quiere el profesor

Como os he comentado, cada profesor es un mundo, y en los primeros días de su asignatura, con un poco de suerte, y alguna pregunta por vuestra parte, podréis enteraros de qué materiales plantea para preparar su asignatura (no tengáis miedo de preguntar, nunca he conocido a un profesor que se lo tomase a mal, entienden perfectamente que nuestro interés primero, a parte de aprender, es aprobar la asignatura).

Habrá profesores que os digan que la clave es lo que comenten en clase. Otros, que tendréis que centraros en el manual o manuales que recomienden. Y por último estarán los que esperarán un mix de lo uno y lo otro.

Por supuesto, si tenéis la suerte de tener algún profesor que os da elaborados los apuntes, pues nada, os podéis saltar este apartado y directamente estudiároslos. Aquí sí hay que señalar que hay apuntes que bien podrían equivaler a un manual, los he tenido de trescientas o cuatrocientas páginas, por lo que también pueden ser objeto de transformación cara a hacer vuestros apuntes (como lea esto algún antiguo profesor mío le va a dar algo, espero sean benévolos conmigo).

Paso 2, obtener el material con el que trabajar

Si se trata de un manual, pues hay que adquirirlo. Aquí debo resaltar un error gordo que no por obvio se comete menos: si fotocopiáis el manual, algo que por supuesto desaconsejo, tened al menos los dos dedos de frente para no llevarlos a clase (si ya encima el manual pirateado es el del profesor, ¡más aún!).

Que el material de estudio sea un manual, no significa que os libréis de estar atentos en clase. Normalmente no entra el manual entero, sino solo la parte que es objeto de la asignatura, y esto lo suele determinar el profesor en clase (conforme vayan dando temario, vais subrayando en el índice del manual aquellas partes que os constan son materia de examen).

En el caso de que lo importante sea lo que el profesor comente en clase, pues os toca tomar notas, bien a mano o bien con vuestro portátil o tablet. Por lo general como os comenté cuando lleváis un tiempo haciéndolo cogeréis ritmo, no os perderéis y encima se os hará más amena la clase, ya que estaréis centrados en algo y no tendréis ocasión de distraeros.

Si en momentos puntuales os perdéis, lo peor que podéis hacer es bloquearos. Dejad el espacio en blanco y continuad tomando notas, ya tendréis ocasión de pedir ese párrafo a algún amigo o conocido (sé que no es plata de buen gusto que te graben, pero es innegable el papel que juegan en clase las grabadoras a estos efectos).

Paso 3, adaptar los apuntes a nuestras circunstancias

Un buen profesor, normalmente incluye ejemplos y anécdotas en sus clases, o repite aspectos sobre los que quiere hacer hincapié. Esto está muy bien para entenderlo todo, pero igual no os hace falta estudiarlo de memoria.

En mi experiencia, el mero hecho de haber tomado notas, y luego trabajar en vuestros apuntes decidiendo lo que es importante estudiar de memoria y lo que no, ya os permite entenderlo todo. Por lo tanto, para mis apuntes finales yo tendía a eliminar todo esto (el problema de pedir apuntes ajenos, es que te estás saltando este paso, y estudiarte algo que no entiendes siempre se hace cuesta arriba). Pero no estoy hablando de decidir qué parte del contenido importante nos estudiamos o no, esto no va de tener suerte y que nos caigan las preguntas que hemos estudiado, yo os estoy diciendo que lo que el profesor dice en diez líneas, a lo mejor lo podéis resumir en seis, pero sin dejaros nada que si os puedan preguntar al respecto sea importante conocer.

Yo por ejemplo me di cuenta de que no tenía una gran capacidad para memorizar grandes párrafos, hojas enteras. Sin embargo, descubrí que si dividía todo el contenido a estudiar en párrafos pequeños, pongamos de un máximo de cuatro líneas cada uno, a un tamaño de letra normal, no tenía problema para estudiarlos por separado, y luego me iba bien en los exámenes porque recordaba todo en su conjunto.

Además, en el proceso de resumirlo todo, pero sin obviar nada importante, me obligaba a que cada párrafo se encontrase redactado de forma que al memorizarlo, se entendiese a la primera. Es decir, que nunca me sucediese, encontrándome en la etapa de memorizar, el quedarme atascado por no entender bien lo que pretendía recordar (de la mano del atasco suele venir el agobio, y una vez una se agobia cuesta más recuperar la concentración, tiene que estar todo perfectamente claro). Aquí tiene también una ventaja mi método de elaboración de apuntes, y por eso es también con éste método más trabajoso hacer los apuntes que estudiártelos, porque tienes que esforzarte por entender cada párrafo para redactarlo debidamente en el resumen.

Por lo demás no hay más pasos, pero cuando los pongas en práctica verás que el proceso de hacer tus propios apuntes, aunque trabajoso, luego daba muchos réditos, y no solo en el sentido de que tendías a entender todo mucho mejor y a tener la lección de manera superficial estudiada.

6

Memorizar, el método de estudio más eficaz

Memorizar para preparar los exámenes de Derecho tiene dos ventajas no desdeñables: la primera es que funciona, y la segunda es que te permite organizarte mejor que las alternativas (eficacia es lograr el objetivo, eficiencia lograrlo en el menor tiempo posible, y memorizar en mi experiencia es un método que logra tanto lo uno como lo otro).

El método más exigente en fuerza de voluntad, y el que funciona para la mayoría

Para empezar, un consejo que os doy es que no os fiéis de lo que os digan vuestros compañeros de clase. Por algún motivo que desconozco, parece que no está bien visto reconocer que se ha trabajado duro.

Yo soy de los que cuando me había machacado para sacar un siete en una asignatura complicada, levantaba muy alta la cabeza y reconocía que sí, que había estudiado y mucho. Hay excepciones por supuesto, porque hay una pequeña minoría con una gran memoria fotográfica, pero por lo general por los motivos que sean no se acaba de ser sincero al respecto.

También habrá quien os diga que aprueba leyéndose por encima los apuntes o el manual. Volvemos a lo mismo, o tiene esa poco habitual memoria fotográfica, o bien no os está contando la verdad de su situación.

Esto os lo digo porque si bien debería darnos igual, en el fondo nos afecta. Lo mejor que podemos hacer es pasar de las circunstancias de los demás, incluso de valorar si están siendo sinceros o no con nosotros, para centrarnos en hacer lo que sea necesario para cumplir nuestros objetivos académicos.

Así, el primero de nuestros objetivos académicos debe ser aprobar. ¿Hay que aspirar a lo máximo? Pues sin duda, pero el primer paso es ese, aprobar todo y acabar la carrera. Y en mi experiencia el único método válido para la inmensa mayoría es memorizar, por varios motivos.

Memorizar funciona en primer lugar porque es imposible hacerse trampas al solitario. Yo por ejemplo había aprobado el colegio y la selectividad sin necesidad de estudiar demasiado, y en primero de Derecho lo cierto es que no tenía ni idea de cómo estudiar (algo habitual en el colectivo de estudiantes por otro lado, pero que no se aborda por algún motivo que desconozco). Así que hacía lo que intuitivamente pensé que había que hacer, leer los apuntes una y otra vez.

La lectura sin más, como método de estudio, es, salvo que como he comentado tengas memoria fotográfica, una pérdida absoluta de tiempo. Si te encanta el fútbol, y te lees un artículo de Marca sobre tu equipo favorito, pues oye, igual se te queda algo porque estás muy interesado. Pero por lo general, al alumno de primero no le interesa demasiado la división en el Derecho romano entre el *Ius Civile* y el *Ius Gentium*. Hay que aprenderlo porque es lo toca, pero de primeras no le va la vida en ello a la mayoría.

En mi primer año de carrera, eché muchísimas horas con este nefasto método de estudio, y los resultados fueron igual de malos. Ya en segundo, acudiendo a clases, haciendo mis propios apuntes y dedicando bastantes menos horas de estudio personal, pero estudiando de memoria, me fue infinitamente mejor.

Es verdad que lo fácil es leer y no memorizar, pero en general como digo sirve para bien poco, porque a la mínima te dispersas, te distraes, y acabas leyendo por leer. Al memorizar, si no eres capaz de repetir de memoria la materia, no puedes pasar a la siguiente, por lo que no te puedes engañar a ti mismo (es duro reconocerlo, pero probablemente eché cientos de horas en primero perdiendo el tiempo con tanta lectura inútil, mi idea con este libro es que no repitáis lo que otros han probado en sus carnes que no funciona).

Un único método, pero adaptado a cada persona

Como tuve ocasión de adelantaros, memorizar una página entera y luego repetirla al completo, nunca fue lo mío. Por eso se me ocurrió adaptar el método a mis circunstancias. Así, yo combinaba el hacer mis propios apuntes, que implicaba entender toda la materia para hacer los resúmenes, con memorizar por párrafos (yo solía llamarlo el método del puzzle).

La gracia de este método, es que si entiendes todo de antemano, y luego vas párrafo por párrafo memorizando, pasando al siguiente cuando dices uno a la perfección, si has dado las suficientes vueltas luego al temario, a la hora de hacer los exámenes te acuerdas de la mayoría y te salen bien.

¿Qué es esto de dar vueltas? Bueno, imaginemos que has hecho tus apuntes, y los has organizado como hacía yo, con párrafos no mayores de cuatro líneas. Y para determinada asignatura, acabas con ochenta páginas en Word. Si eres capaz de memorizar, por párrafos, diez páginas al día, tardas ocho en dar una vuelta (ochenta páginas, diez páginas por día). En mi experiencia, con dos vueltas siempre aprobaba, con una iba muy justo, y a partir de tres vueltas solía sacar muy buenas notas (en un mundo ideal siempre darías más de tres, luego la dificultad con la que te tocaba lidiar es que no tenías tiempo para que el plan fuese perfecto).

Este método requería también darte a ti mismo un voto de confianza. Yo descubrí la primera vez que lo hice, con un examen de Derecho Mercantil, que a mi me funcionaba. Tienes que confiar en que cuando llegues al examen, si has hecho bien tus apuntes y le has dado las vueltas de memorización suficientes, todas las piezas del puzzle se van a unir, y te vas a acordar. Quizás para ver si esto te funciona te toque probar con una asignatura, supongo que no queda otra (puedes probar con un parcial, si te llamase la atención).

A lo que voy es que cada persona es un mundo, tienes que conocerte, ver tus capacidades y adaptar tu método a estas.

La gran ventaja de memorizar, es que cada vez tendrás mayor capacidad para hacerlo

La primera vez que me dio por empezar a memorizar, con mi método particular, me agobiaba pronto, tardaba en repetir perfectamente los párrafos, y apenas era capaz de memorizar tres o cuatro páginas. Conforme vas cogiendo confianza, y el cerebro va haciendo su trabajo, vas progresivamente abarcando más y más páginas.

En el último año de la carrera, acabé siendo capaz de memorizar treinta páginas al día. Además, si antes tenía que dar mínimo dos vueltas memorizando, para asegurarme el aprobado, con los apuros del último año de carrera, en el que tienes más obligaciones, como ir a un despacho o a los tribunales a hacer prácticas, ya era capaz de sacar asignaturas adelante con una única vuelta memorizando (o sacar buenas notas dándole dos).

Aquí también hay que confiar en el cuerpo humano. Igual que uno empieza levantando dos kilos al hacer pesas y un día descubre que está ya con quince, sucede al igual con nuestra capacidad de memorizar. Si algo nos dice esto también, es que cuanto antes nos pongamos mejor, porque más tiempo tendremos para que se vaya notando la mejora.

¿Estudiar desde el día 1 del cuatrimestre?

Como ya he comentado, el hecho de hacer tus propios apuntes lleva su tiempo, sobre todo si lo quieres hacer bien. Si eres capaz de tomar apuntes de todo lo que dicta el profesor, luego en casa, si como yo filtrabas todo lo que habías apuntado para hacer una suerte de resumen que incluyese todo lo importante, va a llevarte tiempo (si tienes cinco asignaturas, y te salen cien o ciento cincuenta páginas que tienes que resumir, pues calcula).

También puede pasar que tengas el manual que ha comentado el profesor que es de referencia para el examen, y conforme vas a las clases vas apuntando los apartados que entran en el mismo. Te toca resumirlo, y en ocasiones serán varios cientos de páginas.

Yo lo que solía hacer en este último caso, es copiar a ordenador, en Word, todo lo que hubiese que estudiarse del manual, para luego, teniéndolo ya en Word, pasar a resumir cada párrafo.

No sé si os imagináis el tiempo que llevaba, pero sí efectivamente, era mucho tiempo. Por suerte en la mayoría de los casos lo que dice el profesor en clase es la materia del examen, y os ahorraréis esto que hacía yo cuando lo importante era un manual (descubrí que resumir me era mucho más sencillo si tenía el párrafo en cuestión delante del ordenador y lo iba reduciendo). Ni que decir tiene que todo esto de resumir, dejando lo importante cara a memorizar, casi contaba como una primera vuelta de estudio, como mínimo te obligaba a entenderlo todo (y así aunque todavía no estuviese estudiando como tal, en clase ya medio dominaba la materia y podía hacer intervenciones que mereciesen la pena).

En la práctica, yo empleaba dos meses en hacer todos mis apuntes, y otros dos en estudiármelos. Si os soy sincero, se me hacían mucho más pesados estos dos primeros de hacer los apuntes, que la etapa de memorización, porque el esfuerzo mental de entender y resumir es mucho mayor que el de memorizar lo que ya entiendes (si coincide que hay muchos parciales o trabajos de por medio, y cuando te tienes que poner a estudiar los finales todavía no has acabado todos los apuntes, pues te tocará sacar tiempo de dónde sea para después de estudiar avanzar con nuevos apuntes).

Preparar exámenes tipo test, orales o de desarrollo

A lo largo de la carrera os encontraréis fundamentalmente estas tres tipologías de examen. Podemos hacernos la pregunta de cómo estudiar cada uno de ellos.

Como os he comentado, la memorización como método de estudio tiene la gran ventaja de que no puedes engañarte a ti mismo, para avanzar en los folios que te tocan cada día tienes que ir acabando con cada uno de ellos, repitiéndolos de memoria (o repitiendo perfectamente cada uno de sus párrafos, en mi caso). Con los tipo test muchas veces se tiene la tentación de prepararlos como si se tratase de exámenes más fáciles, y el resultado solía ser que se daban tantos suspensos como en el resto de tipos de examen, o en ocasiones más.

Así, es habitual argumentar que como se trata de un tipo test, no hace falta memorizar los apuntes, "porque es de entender". En mi experiencia, los tipos test en Derecho son exámenes complicados, cada pregunta está preparada a conciencia para no poder deducir la respuesta tirando de lógica, sino que te tienes que saber lo que te preguntan.

De hecho, no suele valer con que te suene la materia. Son preguntas que para responderlas adecuadamente tienes que saberte la lección y además haberla entendido. A mi en los tipo test con mi método, combinando hacer tus propios apuntes con su estudio de memoria, me fue estupendamente. Sin embargo era habitual que se diese un porcentaje de suspensos muy alto. Los alumnos aducían que los test se les daban mal, pero luego cuando preguntabas a los afectados resulta que no se estudiaban sus apuntes de memoria. Error, con que te suene no basta, y por lo tanto no basta con leer mucho los apuntes.

En el caso de los orales, yo hacía igual que en desarrollo y tipo test, estudio de memoria. Con la particularidad de que como a los orales les tenía más respeto, porque no podías quedarte relajado sin que nadie te observe pensando la respuesta, les solía dar más vueltas en la memorización que al resto de exámenes. Igual no era necesario, pero juega un papel importante la confianza, y si determinada tipología de examen, o una asignatura en cuestión, tiene fama de más complicada de lo habitual, lo mejor es curarse en salud y reforzar la preparación, de forma que una de dos, o aciertas y el examen requería mayor preparación de la habitual, o no la requería, y sacas muy buena nota (se podría argumentar que por qué no dedicar siempre a todos los exámenes ese tiempo extra de preparación, la respuesta es que si puedes hacerlo pues adelante, pero el obstáculo normalmente es que el tiempo es finito y si dedicas más a una asignatura suele haber otra perjudicada).

¿Cuánto tiempo de trabajo dedicar a cada examen?

Cuando iba terminando los apuntes de las asignaturas del cuatrimestre, tocaba organizar el tiempo de estudio asignado a cada una de ellas. Al final el tiempo es el que es, y si no te organizas te acabará cogiendo el toro.

Esto tiene más miga de lo que parece, y en decidir mejor o peor influirá el haber ido a clase o no, el haber hecho tus apuntes o no, y el que tengas más contactos repetidores o no.

Así, si has ido a clase, y has tratado al profesor durante todo el cuatrimestre, podrás intuir si es más o menos exigente (por ejemplo, observando cómo corrige las prácticas, trabajos o incluso los exámenes parciales). En mi experiencia, los catedráticos tendían a ser más exigentes que el resto de profesores, y los profesores que además trabajaban en el sector privado, cuando lo hacían al máximo nivel, tendían a ser también más exigentes (aquellos que trabajaban en el sector privado, pero en un despacho pequeño por ejemplo, curiosamente tendieron a ser los más indulgentes). Esto es por supuesto mi experiencia durante la carrera, al final cada uno debe hacer uso de su sentido común para tomar decisiones (a mi los profesores que más me gustaron fueron precisamente los que trabajaban en el sector privado en grandes despachos, porque explicaban incluyendo toda la teoría del mundo pero también ligada a muchos casos prácticos reales que habían llevado).

Puede tocarte un profesor que no sea especialmente exigente, pero sin embargo ser su asignatura más complicada de digerir. Os pongo un ejemplo, a mi me resultaba infinitamente más sencillo de estudiar Derecho Internacional Público, que Derecho Administrativo. Para una asignatura con un temario más árido, algo por otro lado siempre subjetivo, lo ideal es dedicarle más vueltas de estudio que a una cuyo contenido se interioriza con facilidad. Difícilmente vas a intuir lo complicada que es una asignatura si no has ido a clase, y sobre todo si no has hecho tus propios apuntes (cuando tienes delante tuya un párrafo grande de un tema complicado, y sudas tinta para resumirlo de manera que cuando te toque memorizarlo lo entiendas a la primera, sabes que a esa asignatura le tienes que dedicar más vueltas memorizando).

Otra fuente de información muy buena para intuir si una asignatura requiere más o menos tiempo de estudio es hablar con alumnos que ya hayan tenido al profesor en cuestión. Lo que nos lleva a lo mismo de siempre, para conocer a otros alumnos lo ideal es ir a clase; y conocerlos, aparte de que está bien tener más amigos, nos ayudará en temas variados como este mismo: saber si el profesor es más o menos exigente corrigiendo.

Algo curioso que pude constatar, al menos en mi experiencia, es que por lo general los profesores son menos exigentes corrigiendo en el último año de carrera. Quizás por ser conscientes de que con el trabajo y las prácticas en empresas tenemos menos tiempo, o por algún otro motivo que desconozco, pero a mi me ocurrió así (también esto se junta con el hecho de que tienes mayor capacidad para memorizar, redactarás mejor, etc., circunstancias que redundan en que te cunda más el trabajo realizado).

Pautas para el día del examen

De nada sirve haberte estudiado todo, memorizándolo debidamente, si llegas al examen sin dormir y con el estómago vacío.

Mi primera norma para los días de examen es que había que llegar bien descansado y con energía. Para el día del examen hay que dormir las horas que normalmente necesite vuestro cuerpo, que en mi caso eran y siguen siendo siete horas, y además hay que ir al examen bien desayunado, o si es por la tarde, tras un almuerzo completo (por supuesto, con energía pero no con la barriga a reventar, lo ideal es que os dé tiempo a hacer la digestión).

Por lo general, no vas a salvar un examen por pegarte un atracón el día antes. Y si lo logras, tiende a ser casi peor, porque empezarás a pensar que lo habitual es que te salga bien, por lo que en mi opinión no merece la pena (si lo más probable cada vez que hagas esto es suspender, lo más probable será que andes sacrificando días enteros para intentar salvar asignaturas condenadas de antemano).

En la práctica es mucho mejor ser responsable, organizarte con tiempo para cumplir tus objetivos del cuatrimestre, dividirte los folios que te tienes que estudiar entre el tiempo que tienes para hacerlo, y el día del examen únicamente leértelo todo en voz alta y listo.

Esto último de leerlo todo en voz alta el día del examen era algo que psicológicamente a mi me ayudaba mucho, porque un lado te das cuenta de que lo dominas todo, y por otro lado, en menor medida, porque era una manía que tenía yo, y todos las acabamos teniendo: si me tenía que levantar a las 4 de la mañana para leerme en voz alta ciento y pico folios para el examen que tenía por la mañana, lo hacía, aunque la contrapartida claro está es que te tienes que acostar muy pronto (por suerte normalmente había que madrugar, pero no tanto, esto fue una excepción).

Si bien esto es lo que me funcionaba a mi, y nunca llegaba a la previa de los exámenes a punto de derrumbarme, cada persona es un mundo, solo os cuento eso, mi experiencia. Igual vende mejor cara a la galería ir de malote, darte un atracón y aprobar, pero debéis recordaros que lo prioritario es aseguraros aprobar, no lo que piensen los demás (yo a los exámenes llegaba siempre fresco, relajado y con energía, de hecho la mayoría de exámenes los disfrutaba, porque si los has preparado bien sales a lucirte).

Por lo demás, me exigía a mi mismo no darle vueltas a si me iba a acordar o no de la materia. Si has preparado un plan competitivo, y has estudiado lo que habías calculado que había que estudiar, lo normal es que te salga estupendamente. Cumplir esto te ahorrará estrés innecesario y afrontarás tranquilo cada examen.

También es recomendable ir al examen con tiempo. Yo solía ir a la Universidad en moto, y en una ocasión me pasó que esta no arrancaba. Estas cosas pasan, si vas con tiempo aparcas el problema, literalmente en este caso, que ya solucionarás cuando salgas del examen, y llegas perfectamente al examen andando (o te pides un taxi, lo importante es llegar).

Finalmente, si tenía un examen por la mañana, solía darme la tarde libre. Por muy bien preparado que lleves un examen, ya solo los inevitables nervios de la espera antes de que te dejen empezarlo, el madrugón y demás, da lugar a un cansancio mental considerable. Salvo alguna excepción, el mismo día en el que había hecho un examen no estudiaba para el siguiente. Cada examen debe ir ya preparado, para simplemente la misma mañana del mismo repasarlo todo y listo.

7

Saber cuándo pedir ayuda: el recurso de las clases particulares

Una de las asignaturas que se me atascó en primero fue Economía. Resultaba bastante irónico, ya que la economía en general era un tema que me encantaba y me sigue gustando, pero lo cierto y verdad es que la economía real poco o nada tenía que ver con lo que se impartía, y presumo que se sigue impartiendo, en las aulas.

Debates aparte sobre si saber hacer gráficas y sabernos muchas abreviaturas aporta algo sobre entender cómo funciona el mundo económico, ya que en el fondo la economía debería dedicarse a esto, el caso es que no acababa de enterarme de cómo desentrañar esa maraña de gráficas, y en determinado momento me di cuenta de que necesitaba ayuda.

A veces la atención personalizada hace milagros

El ser humano tiende a ser de primeras algo cabezota, y tendemos a pensar que nosotros no vamos a ser menos que el resto, y que no nos hace falta la ayuda de un profesor particular (además, influye el hecho de que lógicamente hay que pagarlo, y como en la Universidad normalmente tendemos a ser dependientes económicamente de nuestros padres, nos cuesta más si cabe pedir su ayuda).

En el caso de la asignatura de Economía, lo que en clase resultaba un galimatías inteligible, luego con una profesora estupenda que tuve, y que me empezó a dar clases periódicamente, se convirtió en algo con sentido y hasta que encontraba entretenido (realmente la economía son cuatro cosas de sentido común, si fuese obligatorio explicar la materia sin utilizar gráficos y abreviaturas seguramente los alumnos se enterarían perfectamente a la primera -aunque es verdad que muchos profesores particulares se quedarían irremediablemente sin trabajo-).

Si una asignatura se te da bien, no es mala idea ofrecerte como profesor particular

Tras acabar la carrera, cursé un Máster en Asesoría Fiscal. El Derecho Tributario me gustaba, se me había dado bien durante la carrera, y me surgió la oportunidad de dar unas clases particulares a alumnos del Grado en Derecho.

Y debo decir, que aparte de ganarse uno unos eurillos, la experiencia es muy enriquecedora, una oportunidad en definitiva de enseñar como a ti te gustaría que te hubiesen enseñado. En mi caso, impartí las sesiones a través de exámenes prácticos tipo test elaborados por mi persona. Los alumnos, alumnas en este caso, se iban enfrentando en directo a las diferentes preguntas, que yo proyectaba en una pantalla, tras haber estudiado la teoría en su casa, y cuando fallaban o no entendían algo, yo pasaba a explicárselo.

En el fondo, es la misma derivada de algo que constataréis si os proponéis participar más en clase: cada vez que uno se equivoca, hay muchas probabilidades de que lo aprendido, cuando el profesor se lo explica, ya no se le olvide (o al menos, no en una buena temporada). Seguramente también influye el haber pasado ese pelín de vergüenza al habernos equivocado en público. A veces es muy sano equivocarse.

Enseñar por otro lado es una forma de aprender. Si os animáis, ya solo en el proceso de preparar las clases profundizaréis en la materia, y por otro lado también puede ser algo interesante a incluir en vuestro currículum.

8

¿Estudiar por la noche o por la mañana?

Tras mi primer año en Derecho, además de descubrir que leer muchas veces un texto en voz alta tiende a servir a efectos de quedarte con la copla entre poco y nada, constaté que yo no rendía mucho estudiando por la tarde o por la noche.

Esto es por supuesto muy personal, cada persona es un mundo y lo que me valió a mi puede no ser efectivo para ti, pero en lo personal lo que mejor me funcionó fue coger el turno de tarde para las clases.

Vuestro depósito diario de fuerza de voluntad da para lo que da

Si os imagináis mentalmente la imagen de un reloj de arena, y lo llenáis con vuestra fuerza de voluntad, para mi ésta a lo largo del día se va agotando poco a poco, y hay determinadas actividades que hacen que la caída de esos granos de arena que representan vuestra fuerza de voluntad diaria se aceleren.

Un ejemplo sería el tema de hacer ejercicio. Os he comentado que es algo que estoy convencido de que es muy positivo para los estudiantes universitarios, para todo el mundo realmente, pero al menos a mi me agotaba parte de esa tan valiosa fuerza de voluntad.

Esto quizás es algo difícil de explicar, pero es así. Descubrí que si bien psicológicamente era para mi positivo hacer ejercicio nada más empezar la mañana, luego me costaba mucho estudiar. Si has salido a correr a un ritmo decente, o vas a nadar como era mi caso, salvo que estés muy acostumbrado volverás físicamente cansado y con algo de dolor de cabeza. No es lo mejor para estudiar.

También descubrí que después de seis horas de clases tampoco tenía la cabeza para rendir mucho en el estudio. Con estas cosas se puede uno resignar, o tratar de buscarles solución, que es lo que hice yo.

Así, me organicé de la siguiente manera: me levantaba muy temprano, durante muchos años incluso a las cinco de la mañana, me tomaba tranquilamente un desayuno contundente, un buen café escuchando relajadamente la radio, y a cosa de las seis estaba ya estudiando o haciendo apuntes. En torno a las once o doce de la mañana ya había acabado, y me quedaba hasta la una o una menos cuarto, que era cuando comía, de margen por si estaba más espeso ese día y avanzaba más lento. Luego como os comento comía muy pronto, y a cosa de las dos y media ya estaba listo para irme al gimnasio o a nadar a la piscina. A las tres y media estaba ya en casa, una ducha rápida, y a las cuatro ya en la universidad para las clases.

Puede parecer una paliza, pero me funcionó estupendamente bien, porque me aseguraba de que la clave para aprobar, que es estudiar a gusto, siempre lo llevaba a cabo en mi mejor momento del día. Ya a lo largo del día se iba acabando ese depósito de fuerza de voluntad, pero lo peor que me podía pasar era estar un poco más espeso en clase.

Aparte de respecto al hecho de aprobar o no, que es lo que a un estudiante le quita o no el sueño, o debería, empecé a estar en forma y en clase se me valoraba como estudiante, tanto por mis compañeros como por mis profesores. La verdad es que una vez apliqué este plan y todo empezó a ir rodado, fueron años muy felices en la carrera.

El más difícil todavía: clases nocturnas de inglés

Cuando te va mal en tu primer año, y no eres capaz de sacar los exámenes adelante, entras en un bucle negativo del que cuesta salir: hay tensión en casa con tus padres, que esperan de ti que apruebes; con tus amigos, que en sus carreras van aprobando sin estudiar demasiado, y te dicen aquello de que a quién se le ocurre estudiar Derecho, con lo bien que se vive estudiando sus carreras; y tienes tu propia presión, que te hace sentirte mal con cualquier cosa que suponga disfrutar de la vida, porque sientes que no te lo mereces.

Por verle el lado bueno a esta experiencia tan desagradable que es no aprobar algunos de tus primeros exámenes, es que esos palos vienen muy bien para ir acostumbrándote. La vida laboral y la vida en general te depara otros tantos, y te vuelves más resiliente (dicho lo cual, si lees este libro en el verano antes de empezar Derecho, y te ahorras la penitencia, pues eso que te llevas, siempre es mejor aprender de los errores de los demás).

Retomando el tema de las clases de inglés, que de esto va este apartado, a pesar de que salía de la última de las clases bastante cansado, como iba aprobando y sentía que podía con todo, pues me animé a retomar esas clases de inglés que había dejado en primero de carrera. Un par de días a la semana, salía a las ocho de la Universidad, y con la moto me iba al centro de Jerez a dar hora y media de clases. Lo curioso es que si bien me aportaron mucho, porque me saqué el B1 y 2 de inglés, que tan bien viene tener hoy día en el currículum, no salía cansado de las clases, sino más bien relajado.

Si os lo podéis permitir, que no os pille el toro y apuntaros a clases de perfeccionamiento de vuestro inglés.

9

Hablar en público: cuanto antes nos acostumbremos mejor

Mas o menos a mitad de carrera, empezando tercero, una profesora, de la que guardo muy bien recuerdo, inició su primer día de la asignatura hablándonos de la importancia de acostumbrarnos a perderle el miedo a hablar en público.

No recuerdo muy bien sus palabras exactas pero de lo que sí me acuerdo es que a mi me convenció, y desde ese mismo día me propuse intervenir más en clase, cuando tuviese alguna pregunta o inquietud inteligente que plantear.

A nadar se aprende nadando: practica el hablar en público

Como tantas cosas en la vida, a hablar en público no se aprende leyendo un libro sobre hablar en público, se aprende practicando, y una ocasión inmejorable para encima hacerlo en tu lenguaje profesional, que será el jurídico, es el aula de la Universidad.

Los primeros días, ciertamente estaba incómodo hablando en público. Era yo bastante tímido, y aunque estaba muy acostumbrado a expresarme digamos por vía escrita, mi experiencia hablando en público era cercana a 0.

Al cabo de unas cuantas clases, ya me había acostumbrado. Estas cosas son de las que tienes que vivirlas para creértelas, porque de primeras parece muy complicado. Y por supuesto, una cosa es no estar nervioso hablando en público, y otra muy diferente ser muy bueno haciéndolo, pero oye, ya al menos si hay que hacerlo se hace (y pronto descubriréis en la carrera que tendréis exámenes orales, trabajos que tendréis que exponer oralmente, o simplemente asignaturas en las que se podrán ganar puntos extra por intervenir en clase).

Saber hacer algo que la mayoría no, siempre se valora

Decía Warren Buffett, uno de los mejores inversores de Norteamérica y hoy día una de las diez personas más ricas del mundo, que los estudios que más le habían aportado en la vida, no habían sido los de la cara universidad privada en la que estudió, sino un curso que hizo sobre perderle el miedo a hablar en público.

En un sistema educativo como el español, en el que no se le da quizás la importancia que se merecería a la expresión oral, saber hablar bien en público, o incluso tener la valentía para hacerlo, ya va a ser muy valorado por tu auditorio, por aquellos a los que te dirijas.

Mi consejo es que desde el minuto uno vayas cogiendo práctica en clase. Sin forzarlo, porque hay que valorar el tiempo de tus compañeros y de tu profesor y preguntar tonterías no aporta nada, pero tampoco tener miedo a levantar la mano y plantear preguntas, dudas o inquietudes al profesor.

Finalmente, recordaros que lo primero que haréis cuando acabéis vuestra carrera y entréis en el mundo laboral será una entrevista oral (o incluso antes, si os buscáis algún trabajo). Saber expresaros oralmente con naturalidad es importante.

10

Medios para mejorar nuestra expresión oral y escrita

Durante mi época como estudiante de Derecho, gestioné bastantes blogs, y el hecho de redactar artículos de manera periódica tiene bastantes beneficios. Algo parecido podríamos decir en general de gestionar un canal de vídeos en Youtube, o tener la costumbre de leer novelas de vez en cuando.

Blogs: aprendes, haces contactos y mejoras tu redacción

Y si resulta que te leen muchos, puedes hasta ganar dinero incluyendo publicidad, como también sucede en el caso del canal en Youtube.

Temas monetarios aparte, solo por el mero hecho de tener que preparar un artículo, ya desarrollas la imaginación, tu capacidad para investigar, y sobre todo tu redacción (y en Derecho redactar bien no te hará aprobar, pero sí te ayudará a sacar mejores notas, o incluso te evitará suspender, porque hay profesores que si la ortografía clama al cielo lo harán, aunque por lo general avisarán de antemano de ello).

Algo característico de los blogs, es que para empezar a recibir visitantes se requiere tiempo, porque la mayoría tenderán a llegar desde Google (esto, si el blog trata un tema que interese, si se trata de un blog sobre las formas de las nubes en tu ciudad pues igual no tienes mucho público). El caso es que otra cosa no, pero tiempo con toda la carrera por delante tenéis todo el que queráis. A poco que publiquéis con asiduidad, podéis tener un blog muy visitado cuando acabéis la carrera.

Si el blog trata temas relacionados con el Derecho, a través del mismo haréis contactos, y además podréis incluirlo en vuestro currículum. Tal y como sucede con los libros, son una puerta a tu persona, porque por lo general hablas en confianza (en confianza, aunque sabes que te puede leer cualquiera, por lo que hay que cuidar lo que se dice y cómo se dice).

A mi el redactar mucho en blogs a lo largo de los años, me ha venido muy bien para luego hacer algo como esto mismo, publicar libros. La lectura por cierto también ayuda mucho, porque enriquece tu vocabulario, tornándolo más culto (si vais para abogados, el lenguaje culto siempre es un valor añadido).

Un canal en Youtube: una forma inmejorable de mejorar tu expresión oral

Además de lo comentado para los blogs, ya que podréis incluir vuestro canal de Youtube en vuestro currículum, si tratáis temas relacionados o que merezca la pena publicitar, y además si creáis una buena comunidad os podéis ganar un dinero extra, Youtube es un medio estupendo para mejorar de cara a hablar en público.

Para la clase de profesiones que surgen tras estudiar Derecho, ser capaz de expresarnos en público con soltura y con un vocabulario rico, nos puede dar muchos puntos, tanto si trabajamos para terceros como si somos autónomos (aquí de nuevo, va muy bien combinarlo con la lectura).

Si tenemos algo que decir, y no nos vemos apareciendo en todo nuestro esplendor en la pantallas de miles de personas, otra opción es lanzar un podcast. Hoy día con los micrófonos de los móviles podemos grabar el audio perfectamente, al menos en los comienzos, y presentan estos los mismos beneficios que un canal en Youtube.

El hábito de la lectura

Es habitual escuchar aquella frase de que como verdaderamente se le saca jugo a determinada actividad, la que sea, es cuando hay pasión de por medio.

A mi desde muy pequeño me apasionó la lectura. Esta te aporta no solo riqueza de vocabulario, sino también muchas otras cosas que no se ven, pero que están ahí, desde cultura, hasta capacidad para empatizar con otras personas.

A través de la lectura vives en los zapatos de muy diferentes personas. Abogados, soldados, constructores, condes, esclavos, amas de casa... si leemos a buenos escritores, a través de sus personajes viviremos sus éxitos, sus fracasos, sus preocupaciones y sus alegrías. La lectura te ayuda en definitiva a entender a las personas y sus especiales circunstancias.

También viajas sin moverte de casa. Hoy está muy de moda viajar, probablemente impulsado por el auge de las redes sociales, en las que nos demos cuenta o no, tratamos de mostrar un imagen idealizada de nuestras vidas. Probablemente aprendemos más de la cultura holandesa leyendo una novela ambientada en Holanda, que visitando un fin de semana Ámsterdam (dicho lo cual, seguro que puede ser una experiencia magnífica visitarla, yo por ejemplo lo tengo pendiente).

Os dediquéis a lo que os dediquéis, muy probablemente tendréis que leer documentación y redactar muchos escritos. Si adquirís el hábito de la lectura, asimilaréis todo más rápido, y vuestras redacciones siempre lucirán más.

Por supuesto, no hay nada peor que proponerse leer más, y dar con un novelista mediocre. Si os gusta el mundo de los Abogados, John Grisham es vuestro novelista, de hecho muchas de sus novelas han sido llevadas a la gran pantalla; si os gusta trasladaros a muchos años atrás en el tiempo, hay que leer a Ken

Follett, con sus fantásticas novelas ambientadas en la Edad Media, o a Santiago Posteguillo, novelista español especializado en novelas ambientadas en la antigua Roma. Probablemente una aproximación a los mejores de cada temática sea echar un ojo a los rankings de más vendidos de portales como Amazon, porque el gran público suele filtrar bien a los mejores a través de sus adquisiciones.

Con la lectura, si no estáis habituados a leer, debo deciros que hay un antes y un después cuando eres capaz de meterte en la trama. Cuando superas ese escalón, y por supuesto siempre que el escritor sea bueno, sales literalmente de tu habitación para trasladarte al mundo que el escritor ha creado. Pero claro, esto a veces lleva tiempo, mi consejo es que merece la pena darle una oportunidad, tendréis en su caso que ser pacientes.

11

Manteneos en forma

Todos los opositores que conozco hacen deporte o ejercicio diariamente, y no es casualidad, sus ventajas son importantes y variadas. No pretendo meterme en vuestras vida, simplemente comparto con vosotros lo que a mi y a otras tantas personas cuyo día a día ha sido el estudio, nos ha resultado beneficioso.

Lucir bien tiende a mejorar la autoestima

De nada sirve hacer mucho deporte o ejercicio si luego no vais a clase, preparáis vuestros apuntes o no estudiáis lo suficiente, pero ya os adelanto que como estudiantes ya bastantes preocupaciones tenéis como para encima no estar a gusto con vosotros mismos.

Sobre esto último, por supuesto cada persona es diferente y puede sentirse a gusto consigo misma con independencia de estar en mejor o peor forma. Aunque también os puedo decir que he conocido estudiantes muy sedentarios que decían ser felices así, y luego con el paso de los años y mucho ejercicio de por medio, me reconocieron que para nada, que no podían evitar darle muchas vueltas a su estado físico y que ahora vivían sin esa preocupación.

Recuerdo una compañera de clase que en sus primeros años de Derecho padecía obesidad. Le estaba costando mucho avanzar con la carrera.

Si bien cada persona es un mundo, a mi me ayudaba verme bien y era de hacer bastante ejercicio (es un buen hábito que nunca he abandonado). A esta chica luego le empezó a ir mejor, por no decir muy bien, y coincidió que también logró adelgazar una barbaridad. Ya una vez lograda la gesta, comentaba que era mucho más feliz en su día a día sintiéndose mejor respecto a su estado físico.

Es este un tema delicado, y no quisiera generalizar, lo que es positivo para uno puede no serlo para otro. Pero a esta chica y a mi desde luego, nos vino muy bien hacer deporte y ejercicio.

Cultivar hábitos os ayudará a crear otros

Haber superado un reto como es el de adelgazar, o bien el de estar en forma, si como en mi caso en ausencia de ejercicio lo que tendéis es a quedaros esqueléticos, os vendrá muy bien para encarar vuestro reto diario de estudio.

En lo personal, siempre he gustado de hacer ejercicio una vez había acabado de estudiar o hacer apuntes (también lo hago ahora con el trabajo). Si lo medimos por exigencias de fuerza de voluntad, por lo general es más fácil hacer ejercicio que estudiar, por lo que a mi me iba bien dejar lo más llevadero para el final.

Hay a quien le va bien empezar la mañana haciendo ejercicio, para ponerse luego a estudiar. En mi experiencia, si estas cansado ponerte luego a estudiar de verdad, y digo de verdad porque algunos métodos de estudio como vimos sirven para poco a nada, se presenta harto complicado.

Aquí cada persona deberá ser muy honesta consigo misma. Si hacer ejercicio antes te afecta a la calidad de tu tiempo de estudio, deberás dejarlo para después, tampoco se acaba el mundo (ahí lo que te costará es el ejercicio, pero es mejor llegado el caso fallar con este, que con el estudio).

¿Tiene sentido hacer ejercicio durante la época de exámenes?

Durante un tiempo, cuando todavía no había alcanzado la capacidad para memorizar de años después, y no tenía tan interiorizado el hábito de estudiar, en época de exámenes dejaba totalmente de lado el ejercicio y el deporte. Estaba tan cansado mentalmente después de estudiar que no estaba para hacer pesas o ir a nadar, y es algo legítimo y que no debemos echarnos en cara.

En el último año de carrera sin embargo, sí era capaz de mantener lo uno y lo otro, y la verdad es que me fue mejor que nunca.

Al final cada persona es un mundo y su rutina de estudio o ejercicio deberá adaptarse a la misma. Lo que está claro es que tener alta la autoestima ayuda, porque es algo menos de lo que preocuparte, y que el hecho de superarte con el deporte te ayudará también a superarte con la carrera.

12

Estudiar un año en el extranjero es una buena idea

Yo no tuve la oportunidad de estudiar un año de Derecho en el extranjero. Cuando ya vas tarde en la carrera porque te costó arrancar, tiendes a centrarte en lo principal, que es recuperar el tiempo perdido y avanzar lo más rápido posible, y no pensé que fuese la mejor idea irme a estudiar fuera. Sin embargo, hoy día la verdad es que me arrepiento, ciertamente es algo que debéis hacer si tenéis la oportunidad.

Conocer otras culturas enriquece, a vosotros y a vuestro currículum

Por lo que he podido observar, en un mundo tan globalizado como el actual, se valora muchísimo el haber pasado un año estudiando en el extranjero (hay de hecho puestos de trabajo que exigen tener una experiencia internacional). Demostráis capacidad para estudiar saliendo de vuestra zona de confort, madurez para apañaros por vuestra cuenta y también lo obvio, el aprendizaje acelerado de otro idioma.

Por supuesto, hay tiempo para todo, y si os vais de Erasmus vais a tener fiestas para dar y regalar. La idea es buscar el término medio para pasarlo bien sin perder un año a efectos de vuestros estudios.

Además, hablando con amigos y compañeros que se fueron de Erasmus, los profesores ayudan muchísimo a los estudiantes extranjeros. Habrá por supuesto de todo, igual hay países más exigentes que otros, pero en general es eso, se les ayuda, seguramente porque el profesorado valora la valentía de estudiar y hacer exámenes en una lengua diferente a la propia (mis amigos de hecho volvían con una media mucho mejor que la que tenían en la parte de la carrera que cursaron en España).

Nunca sabes las puertas que te puede abrir estudiar en el extranjero o en otra región de tu país

Mi hermano Álvaro estudió Arquitectura en la Universidad de Sevilla. Estuvo además estudiando un año en el País Vasco, en San Sebastián, y otro en China, en Shanghái. Creo que es el mejor ejemplo de todas las oportunidades que esto te puede brindar.

Uno de sus primeros trabajos como arquitecto lo encontró en el País Vasco, trabajo que probablemente no hubiese logrado si no se hubiese decidido a pasar un año por allí. Trabajando en éste, le surgió una oportunidad única, fichar por la empresa que diseña y construye las tiendas de empresas de primer nivel como Inditex (Zara, Massimo Dutti, etc.) allí en China, en Shanghái.

Tras varios años trabajando en esta, se le ocurrió, junto a varios amigos, que se convirtieron en sus socios, el crear una empresa de sastrería a medida, cuyo nombre de marca es Bund, que permite que cualquier persona pueda encargar, a un precio asequible, un traje a la medida perfecta de su cuerpo, desde su propia casa (también hacen eventos de medición en diferentes ciudades de España, para aquellos a los que les dé más respeto medirse ellos mismos). Si esto os interesase, como su hermano que soy y también como cliente satisfecho, no puedo sino recomendaros echar un buen vistazo a su web, www.bundcompany.com.

Lo importante de todo esto, es como dicen en la fantástica película *El curioso caso de Benjamin Button*: "uno nunca sabe lo que le espera". Hay que exponerse a la suerte, y para ello hay que ser valientes en la vida y lanzarse a aventuras tales como estudiar un año en el extranjero.

13

Si puedes, apúntate como alumno colaborador

Durante la carrera, me surgió la oportunidad de ser alumno colaborador de un Catedrático, y me apunté al reto. En la práctica puede abrirte puertas y en el peor de los casos aprendes mucho y es una buena experiencia.

No todo va a ser investigar

Sobre el papel, la labor de un alumno colaborador es meramente llevar a cabo investigaciones del área de conocimiento de tu tutor. Y si bien esto es así y aprenderás sobre la materia, también te puede surgir la oportunidad de llevar a cabo muchas otras actividades.

Yo por ejemplo conocía bastante el mundo del marketing digital, los blogs, el posicionamiento en buscadores y demás. Durante los años que estuve como alumno colaborador desarrollé portales para mejorar la experiencia del alumnado, incluyendo en estos vídeos relacionados, los propios apuntes del profesor o la información relativa a la asignatura.

En otras ocasiones ayudábamos, mis compañeros colaboradores y yo, a organizar congresos y jornadas. En determinada ocasión, incluso recibimos en unas Jornadas sobre Seguridad y Derecho Constitucional a altos cargos de la Policía, que llegaron escoltados y todo. Una experiencia desde luego.

Ser alumno colaborador te puede abrir puertas

En lo personal, no tenía en mente ni aspiraba a hacer carrera como académico en la Universidad. Con lo que me gustan los negocios y el sector privado en general, no era algo que me llamase especialmente.

Sin embargo, una de las compañeras con las que coincidí, que también fue alumna colaboradora conmigo, es ahora profesora de Derecho en la Universidad. Y la oportunidad para entrar le surgió siendo alumno colaborador, al contar este Catedrático con una beca ligada a un proyecto de investigación europeo que iba a llevar a cabo. Aprovechó esa oportunidad, y combinó la realización del doctorado con su actividad como profesora.

Por supuesto, haber tenido esta experiencia como alumno colaborador es algo valorado y que puedes incluir en tu currículum, nunca si sabe si a un empleador le va a llamar la atención y gracias a esta circunstancia te va a dar una oportunidad.

Finalmente, de manera indirecta todo lo que puedas aprender en esta experiencia, te valdrá luego para ser mejor profesional, y esto al final también te abrirá puertas. Es una experiencia que desde luego recomiendo.

Vas a conocer a muchas personas interesantes

Durante mi etapa como alumno colaborador, tuve ocasión de conocer a muchas personas, para empezar a muchos profesores. También como he comentado vendrán profesores y profesionales de fuera de la Universidad a dar sus charlas y ponencias, y nunca se sabe si alguna de estas un día te va a ofrecer un trabajo o incluso va a ser tu cliente, si te dedicas a la Abogacía o a la asesoría.

En resumen, ser alumno colaborador unos años merece la pena (además, si bien no fue mi caso, me consta que en algunas universidades te pagan por serlo una pequeña cantidad todos los meses).

14

Visita Juzgados y Tribunales

Tras acabar Derecho cursé el correspondiente postgrado en Abogacía, en el que tuve mi primera aproximación a los Juzgados y Tribunales al realizar mis prácticas profesionales, y entonces constaté que había un potencial tremendo para los alumnos en visitarlos durante la carrera (las prácticas del Grado las hice en una Asesoría Fiscal, ya que buscaba una experiencia relacionada con el Derecho Tributario).

¿Podemos presenciar juicios?

Por supuesto. La justicia se rige por un principio de transparencia, estos son por lo general públicos, y si guardamos el debido respeto a los profesionales que están allí trabajando y a los ciudadanos que pueden estar jugándose mucho, no debería existir ningún problema en que nos permitiesen permanecer en sala.

En cualquier caso, que en principio podamos hacerlo, no significa que no tengamos que pedir permiso de antemano. Mi recomendación es acudir correctamente vestido, por respeto a la sala y a los que allí trabajan o acuden, y preguntar de antemano acerca de si les importaría que como alumnos les pudiéramos acompañar durante su trabajo.

Normalmente hay un funcionario encargado de asistir a la sala, que está pendiente de la declaración de los testigos o de las partes implicadas, y en definitiva de ayudar a sus Señorías en lo que pudieran necesitar. Lo ideal es localizar a esta persona, y consultarle si podríamos pasar a aprender.

Ventajas para el alumno

Para empezar, acudiendo a pasar la mañana a diferentes Juzgados y Tribunales, vais a aprender mucho, y como se tratarán de casos reales, esta teoría adquirida tenderá a mantenerse en vuestra memoria.

Por lo demás para vosotros será muy enriquecedor como alumnos alejaros por una mañana de la teoría, para ver que todo lo que aprende uno luego tiene su utilidad. Hay un beneficio por tanto también en lo que a motivación se refiere.

Finalmente, puede darse el caso de que en estas mañana el futuro jurista descubra su vocación: bien como Abogado, bien como funcionario, en un papel de Juez o Magistrado, de Fiscal, o de personal del Juzgado.

15

A mayor motivación, mayor rendimiento diario

Hoy día está muy de moda la profesión de coach, es decir, personas que se dedican a acompañar en su día a día a otras con el objetivo de lograr que rindan más y mejor en su día a día. Cada día es más habitual que profesionales de alta remuneración, como pudieran ser los directivos de empresas o los deportivos de alto nivel, contraten a estas personas.

En vuestro caso, os toca ser vuestro propio coach. Esto es algo que empecé a hacer tras reconfigurar mi estrategia como estudiante de Derecho, y que seguramente también me ayudó a llevar mejor el día a día (el éxito del estudiante de Derecho no suele llegar por su capacidad de darse atracones, sino por su capacidad de, cual constante hormiga, cumplir con el día a día).

La principal fuente de motivación es ir aprobando, y al revés

Cuando empiezan a saliros las cosas, y espero que mis consejos y experiencia os ayuden a ello, la mayor motivación será ir superando asignaturas. Por el contrario, si entráis en una dinámica negativa, y os cuesta aprobar, por mucho que tratéis de hacer no vais a ser capaces de motivaros. Esto por tanto no deja de ser un apoyo, la clave al final va a ser tener una buena estrategia, y ser muy constante en su ejecución. Igualmente, nunca está de más buscar un extra de motivación.

Márcate un objetivo académico y/o laboral

Para empezar, a mi me ayudaba a motivarme el hecho de tener un objetivo académico y laboral. Cuando descubrí lo que me funcionaba como estudiante de Derecho, y que si cumplía en el día a día iba superando las asignaturas a la primera, establecí como objetivo razonable a la par de ambicioso ir a curso por año y aprobar los tres cursos que me restaban en tres años (por lo que he podido ver en otras personas, si vas ya tarde, va a costar solucionarlo pretendiendo aprobar más de un curso por año, aunque es verdad que cada persona es un mundo, vosotros sabréis).

Además, tenía entre ceja y ceja que quería ser Abogado Fiscalista dos años más tarde, es decir, que tras acabar la carrera tenía dos años para hacer dos másters de especialización y para aprobar el examen de Abogacía. Tener esos objetivos tangibles y razonables me ayudó en mi día a día, y finalmente los cumplí.

Series y películas

Lo del contenido audiovisual, y más concretamente el de las series, es algo curioso, porque pueden ser de facto una adicción para el estudiante de Derecho, o bien una fuente de motivación para el mismo. Todo dependerá del uso que se haga de las mismas.

A mi por ejemplo me resultaban muy motivantes las series *Suits* y *The Good Wife*. En la primera, el protagonista es un chico con memoria fotográfica, que se las apaña en Nueva York para abrirse paso en el mundo de la Abogacía de primer nivel haciéndose pasar por abogado con licencia, sin tenerla (ni que decir tiene que no es el ejemplo más edificante, pero su emocionante día a día en un gran despacho a mi me motivaba una barbaridad, también porque quería ser Abogado). En el caso de *The Good Wife*, la protagonista es una estudiante modelo de Derecho, que sin embargo tras casarse decide no ejercer para apoyar a su marido en su carrera como Fiscal; trece años más tarde, por circunstancias que no corresponde adelantar, se ve obligada a volver a la Abogacía, y entra a trabajar desde cero en un gran despacho norteamericano.

Por otro lado, si os gusta la historia, y os llaman la atención los conflictos bélicos, os resultará muy motivante, aunque por motivos diferentes, la serie *Hermanos de Sangre*. Basada en hechos reales, los protagonistas forman parte de la Compañía Easy. Esta formaba parte del ejército norteamericano en la Segunda Guerra Mundial, y a través de la serie vamos siguiéndoles desde que se produce el Desembarco de Normandía, hasta la caída de la Alemania de Hitler. Lo que hace motivante esta serie, es darnos cuenta de lo afortunados que somos, y que nuestro día a día no es nada comparado con tener que vivir una guerra. Muy recomendable.

Por otro lado, me di cuenta de que si bien son muy entretenidas, las series en las que los protagonistas hacen dinero fácil no son la mejor fuente de motivación para el estudiante. El negocio del narcotráfico por ejemplo es fascinante, y yo soy el primero que hoy día ya trabajando no me pierdo ni una, pero seguramente no es el mejor ejemplo de triunfar a través del trabajo duro diario, que es lo que necesita el estudiante.

En lo que respecta a las películas, quizás conocéis alguna de estas. De no ser así, a mi me resultaban muy motivadoras, me gustaba verlas durante los exámenes: *En busca de la felicidad*, *El reino de los cielos*, *El fundador*, *Moneyball*, *Invictus*, *Cinderella man*, *In time*, *Legítima defensa*, *Gladiator*, *La red social* o *Cadena perpetua*. Por supuesto, cada persona es un mundo y también sus gustos, pero puede ser una buena idea ir haciendo vuestra propia recopilación de películas que os motiven, para verlas entre examen y examen buscando también relajaros.

Para motivarte, nada mejor que un compañero de batallas universitarias

Los amigos en la Universidad pueden ser un gran apoyo, o una fuente de distracciones tremenda. Yo tuve la suerte de conocer durante la carrera a un gran amigo, justo precisamente cuando le di un vuelco a la carrera.

Hay quien dice, y de verdad creo yo que es ciertamente así, que los mayores amigos se hacen compartiendo situaciones difíciles. El tener un amigo en la carrera, o varios, que compartan tus objetivos y que encima se apunten a seguirte con tu estrategia, es un punto a favor muy grande.

También cuando los éxitos son compartidos se disfrutan más. Tomarte una cerveza, o más de una, celebrando que ha ido muy bien el cuatrimestre, y que encima le ha ido igualmente bien a tu mejor amigo, no tiene precio.

16

La prueba final: pautas para el TFG

Como su nombre indica, con el Trabajo de Fin de Grado superaremos una etapa en nuestra vida, para pasar a la siguiente, en la que o bien nos seguiremos formando, o bien entraremos en el mercado laboral.

¿Qué tema y disciplina elegir para nuestro TFG?

Mi recomendación para empezar, es que si es posible escojamos un tema que nos llame la atención o en el que, al menos, tengamos un incentivo para encararlo con ganas. Y digo si es posible, porque nos tocará competir con otros alumnos, con nuestra media académica como única arma, y no siempre será posible tener el que nos gustaría.

En mi caso, para cuando llegó el momento de escoger tema para el trabajo, ya tenía ya claro que quería especializarme en Derecho Tributario, tras acabar la carrera. Eso, y que me encantaban los negocios, y no descartaba algún día desarrollar el mío propio. Con el incentivo de formarme en la materia, escogí hacer el trabajo sobre fiscalidad, y más concretamente sobre las rentas de actividades económicas en IRPF (si todavía no habéis cursado la materia, vendría a ser algo así como las rentas que perciben los autónomos por sus actividades económicas).

Probablemente había otros temas que me gustaban más. El problema, es que los temas que nos gustan a nosotros, normalmente también tienden a gustarles a los demás. En el caso de este trabajo, tenía la motivación de investigar sobre un tema al que me iba a dedicar, o sobre el que al menos al año siguiente iba a realizar un máster. Nunca se me hizo pesado, y lo superé sin mayores dificultades.

También a la hora de elegir el tema de nuestro TFG, es interesante reflexionar un poco sobre lo que se nos da mejor o peor. Si por ejemplo buscar jurisprudencia no es nuestro fuerte, pero sin embargo nos gusta la historia, puede ser interesante dejar de lado las ramas del Derecho vigentes hoy día, y escoger algún trabajo de Historia del Derecho, Derecho Romano o incluso Derecho Constitucional, si se diera la posibilidad de realizar la investigación sobre la vertiente de historia constitucional (para estos, nuestro día a día como investigadores consistirá en leer muchos libros, algunos antiguos, que por otro lado habrá a quien le llame más o menos la atención).

Una vez hemos escogido el tema del trabajo, y nos lo han asignado, tendrá poco remedio el habernos equivocado en la elección. Le vamos a dedicar un porcentaje importante de nuestro tiempo durante el último cuatrimestre de nuestro paso por la Universidad, por lo que será interesante reflexionarlo por nuestra cuenta o incluso hablar con alguien que haya finalizado ya la carrera, y que cuente por tanto con experiencia (recientemente ayudé con esto a una amiga, que si bien era muy buena estudiante, se encontraba bastante indecisa sobre el tema a escoger).

¿Es importante el tutor que se nos asigne para el TFG?

En mi experiencia, y por lo que he podido observar del caso de otros amigos y compañeros, sí que puede serlo sí.

Respecto a los tutores, en el caso del TFG podríamos decir que los mismos se dividen en dos grupos, los que están pendientes del alumno, y los que no. Cada tipología de tutor tiene sus ventajas e inconvenientes: si eres una persona independiente, que te apañas bien sin ayuda, podría interesarte organizarte por tu cuenta y escoger un tutor que no vaya a estar mucho encima de tu trabajo; por otro lado, si trabajas mejor siendo tutorizado a cada paso que das, quizás la mejor opción resulte ser el escoger un tutor que sepas que va a estar pendiente de tu trabajo, y que te irá dirigiendo.

¿Cómo saber si un tutor tiende más a una clase o a otra? Pues hablando con antiguos alumnos que los hayan tenido. Estos temas se suelen hablar entre compañeros y amigos, por lo que normalmente si hablas sobre esto con un antiguo alumno, este podrá hablarte de primera mano del tutor que tuvo, e indirectamente de algunos otros, que hubiesen sido los tutores de otros amigos o compañeros suyos.

¿Con cuánta antelación preparar el TFG?

En mi opinión, cuanto antes empecemos mejor. Puede darse el caso de que lo acabemos y todavía reste bastante tiempo para tener que defenderlo, y aquí puede surgirnos agobio por pensar que se nos va a olvidar todo.

Por un lado, vamos a echarle tantas horas al trabajo que difícilmente se nos va a olvidar lo principal por transcurrir un mes o dos; además, luego descubriremos que estos trabajos son un pozo sin fondo de horas, siempre descubriremos algo nuevo que investigar o alguna parte del mismo que mejorar. Pero en cualquier caso, si de verdad lo hemos acabado, y nos queda tiempo por delante, no hay problema, podemos centrarnos en el resto de asignaturas del cuatrimestre, y luego cuando se acerque el momento lo volvemos a repasar leyéndolo varias veces y listo.

¿Cómo preparar la presentación oral?

La respuesta sería que lo debemos preparar como si de un trabajo más se tratara, con la particularidad de que estaremos más tiempo exponiendo de lo habitual, y que las preguntas tras finalizar la exposición tenderán a ser más inteligentes e incisivas de lo que podría darse con los trabajos que tendíamos a hacer durante en transcurso de la carrera.

A mi para preparar los trabajos, solía darme tranquilidad el escribir de antemano todo lo que me gustaría decir en la exposición. Luego te lo estudias un par de veces de memoria como si se tratara de un examen, y finalizas haciendo una y otra vez ensayos en la intimidad de vuestra habitación. Con cada nueva exposición os saldrá mejor, y el día del examen lo bordaréis.

Recuerdo que en el momento de realizar la exposición del TFG, todavía me seguía imponiendo el hecho de tener que realizar una exposición larga. Realmente cuando dominas un tema, no deja de ser simplemente una forma diferente de expresaros. Os pongo un ejemplo. Mientras escribo estas líneas, me encuentro acabando un Máster en Valoración de Empresas. Me queda justo el Trabajo de Fin de Máster, pero ya para otra asignatura, tuvimos que realizar una exposición sobre la valoración de una empresa en concreto. A mi me tocó el Aeropuerto de Zúrich, empresa que cotizaba en las Bolsas de Suiza. Realicé la exposición junto a un compañero, y estuvimos dos horas y media. De hecho, tuvimos que correr porque nos estábamos pasando del tiempo máximo (durante una tarde completa, cada pareja exponía y luego el resto de alumnos de la clase, y el mismo profesor, nos hacían preguntas sobre la valoración y el negocio en cuestión). Cuando dominas un tema, y te lo has preparado bien, tu principal problema tiende a ser pasarte en tu tiempo de exposición (si tenéis curiosidad, luego me volví a grabar, ya que a otros inversores les interesó el tema, y colgué el vídeo en Youtube: https://youtu.be/kFZdAzDbXrM). Sobre estos temas de la inversión en Bolsa y demás, hace un par de años publicó un libro para personas interesadas que empiezan de cero, de título *Introducción a la Inversión*.

    A la hora de la verdad, la mayoría de alumnos hace estupendamente bien el trabajo, responde las preguntas del tribunal sin mayores problemas, y acaba la carrera. Haréis bien en tenerle respeto al TFG, pero nunca miedo. Son miles los alumnos que cada año defienden con éxito su TFG, y vosotros no vais a ser menos que ellos. Por mi parte solo me resta desearos la mayor de las suertes, y animaros a prepararlo lo mejor posible.

PARTE II

Salidas profesionales

Una vez hemos finalizado la carrera de Derecho, nos tocará enfrentarnos con el mercado laboral. Mientras nos toque lidiar con exámenes de diferentes asignaturas, seguramente estaremos deseando acabar para por fin pasar a ese mundo, seguro mucho más entretenido y gratificante, como es el laboral. Por desgracia solo cuando acabemos esta y empecemos a trabajar, nos daremos cuenta de que es si duda un reto mayúsculo, y también que tendremos momentos mejores y peores.

En una ocasión, en tercero de Derecho, antes de comenzar una clase, acudieron dos personas al aula. Eran del área de emprendimiento de la Universidad, y querían realizar una rápida encuesta. Nos preguntaban por aquellos de nosotros que querríamos opositar, dedicarnos a la Abogacía o crear una empresa. Más del noventa por ciento tenía claro que quería opositar, el diez por ciento restante decía querer dedicarse a la Abogacía, dentro de los cuales me incluí yo, y solo una persona, servidor de nuevo, se planteaba, si surgía la oportunidad, el montar una empresa.

Esto no es ni mejor ni peor, es lo que hay. Y por eso voy a empezar tratando la opción mayoritaria de las oposiciones, para luego contaros mi experiencia y consejos con la Abogacía. Finalmente, os hablaré del las salidas profesionales en el sector bancario y de seguros, del que algo conozco, para finalizar con la opción de la docencia universitaria..

Espero que os sea de interés aunque estéis empezando la carrera, porque hay aspectos que hay que tener en cuenta al empezar la misma, y no una vez acabada, porque influirán en nuestra competitividad cara a lograr o no un puesto de trabajo. Espero que os sea útil y que en definitiva os ayude a lograr vuestros objetivos.

Por otro lado quiero también trasladaros las ventajas e inconvenientes de cada profesión, ya que en ocasiones pueden estar idealizadas o exageradamente denostadas. Para bien o para mal, trataré de trasladaros la realidad de estas salidas profesionales en nuestro país.

17

Oposiciones

Si bien no cuento con experiencia directa en el mundo de las oposiciones, ya que nunca he opositado ni tengo en principio intención de hacerlo, es un hecho que es la salida laboral más demandada dentro de los jóvenes estudiantes de Derecho (al menos, en mi experiencia con alumnos de diferentes universidades).

¿Qué opciones pueden ser interesantes para el Graduado en Derecho?

El Graduado en Derecho que oposita, normalmente lo hace en oposiciones relacionadas en mayor o menor medida con la justicia en nuestro país.

Oposiciones directamente relacionadas con Justicia

Aquí se suele diferenciar en dos grupos de oposiciones, unas más exigentes aunque también mejor remuneradas, y otras que requerirán a priori una menor dedicación en lo que a tiempo de estudio se refiere, aunque la responsabilidad y remuneración será equivalente.

Dentro del primer grupo, tendríamos Judicatura, que engloba tanto a Jueces como a Fiscales; Abogacía del Estado; y finalmente las oposiciones a Letrado de la Administración de Justicia.

Dependiendo de los gustos y motivaciones de cada uno, así como sus puntos fuertes, se tiende a escoger una u otra. Dando por sentado que de primeras los que deciden opositar a estas son estudiantes muy preparados, en mi experiencia las personas más tranquilas suelen escoger Judicatura, con el objetivo de convertirse en Jueces, o bien la oposición de Letrado de la Administración de Justicia, que en el fondo no deja de ser el segundo al mando de los mismos, aunque con sus funciones propias y bastante responsabilidad. Luego aquellos a los que como suelo decir les va más la marcha, suelen decantarse por las oposiciones para convertirse en Fiscales o Abogados del Estado (estos últimos no dejan de ser abogados que defienden los intereses del Estado, y los Fiscales, abogados que defienden la legalidad general).

Estas son oposiciones ciertamente duras. No todo el mundo vale, sobre todo porque se necesita mucha capacidad de trabajo, constancia y fuerza de voluntad. Como os he comentado un amigo oposita a Judicatura, lleva ya unos años, y no os podéis imaginar los folios que se estudia cada día, no tiene nada que ver con el nivel de la carrera.

Dentro del siguiente grupo de oposiciones directamente relacionadas con la Justicia, tendríamos una serie de oposiciones para convertirte en funcionario del Juzgado. Estos son los que hacen posible en definitiva que todo funcione, y dentro de este grupo hay oposiciones con mayor o menor responsabilidad, que requerirán un mayor o menor nivel de exigencia para superarlas y que también tendrán mayor o menor remuneración.

También he tenido amigos que opositan a las de este segundo grupo, y que no se llegue al nivel de dificultad de las del primero, no significa ni mucho menos que sea fácil aprobarlas y obtener plaza.

Oposiciones indirectamente relacionadas con Justicia

Aquí tendríamos las oposiciones a Notaría, a las Fuerzas y Cuerpos de Seguridad del Estado, y las relacionadas con prisiones.

En general podríamos decir que desde un punto de vista intelectual, de estas oposiciones indirectamente relacionadas con la Justicia, las más duras con diferencia son las oposiciones para lograr convertirte en Notario. Por otro lado, tenderán a ser también las mejor remuneradas.

Una diferenciación que también se podría hacer, es separar las oposiciones en las que se requiere un título de Licenciado o Graduado en Derecho, de las que no lo requieren. La consecuencia directa es que si no se requiere este título, tenderá a haber más competencia. Así que nadie se libra, o son muy complicadas por su temario, y por lo buenos que son los opositores que aspiran a ellas, o bien no son tan complicadas en lo que a temario se refiere, pero como entran a opositar personas de muy variados orígenes hay mucha competencia y no basta con aprobar.

Dos amigas mías opositan a prisiones, y desde que lo hacen casi no he tenido ocasión de verlas (y no son malas estudiantes precisamente). Es un mundo por lo general de mayor presión, porque tratas con presos y en un ambiente de mucha seguridad como son las prisiones, aunque tiende a compensarse parcialmente con una mejor jornada de trabajo. Ventajas e inconvenientes, como todo. Es una profesión que te tiene que gustar, sino seguramente sea una mala idea meterte a opositar a ella.

Respecto a las oposiciones a los Cuerpos y Fuerzas de Seguridad del Estado, pues comparten características con las oposiciones a determinadas profesiones en prisiones, salvando las distancias. Para opositar a las mismas no solo se requiere mucho estudio, sino que también suele ser necesario estar en muy buena forma física. También es especialmente importante, creo, que te guste, porque es un día a día de mucha presión, en las que en alguna ocasión acabas jugándote la vida. En estas profesiones tienen especialmente interiorizado el servicio público porque literalmente se juegan la vida por todos nosotros.

Ventajas y desventajas de opositar

Ventajas de opositar

Las ventajas son ampliamente conocidas por todos los interesados, y en general creo que por eso son tan populares: tienes trabajo de por vida, y un sueldo estable.

Hay por supuesto un componente importante de vocación, en una oposiciones quizás más que en otras, pero esencialmente lo que llama la atención de las mismas es la estabilidad, más si cabe en un país con un mercado laboral como es el de España, que anda siempre hecho unos zorros.

Otra ventaja de las oposiciones, es que por lo general da igual tu pasado académico, lo importante es apañártelas para aprobar y superar a tantos como haga falta para obtener tu plaza. Si has tardado más años de la cuenta en acabar Derecho, a nadie le importa, no va a haber una persona decidiendo si le da mala espina que te costase tanto aprobar Derecho civil, o por qué se te atascó Economía en primero.

Desventajas de opositar

La primera y más obvia es que hay un verdadero boom de las oposiciones en España. La competencia es feroz y todos ponen encima de la mesa lo mismo: muchas horas de estudio. Nadie te asegura que lo vayas a lograr (aunque también es verdad que en el sector privado, si opositas unos años y no logras entrar, van a valorarte mucho por esos años de estudio).

En segundo lugar, salvo que vayas ascendiendo, en principio tienes un tope salarial. Cuando eres estudiante cualquier sueldo asegurado que supere el salario mínimo te parece ya maná caído del cielo, pero cuando tienes que criar a retoños y pagarles los estudios, igual descubres que después de todo no era para tanto.

Finalmente, y aunque es un poco políticamente incorrecto que lo mencione, todos damos por hecho que es empleo asegurado y que es absolutamente imposible que esto cambie. Bueno, el que te paga es el Estado, que si bien tiene fuentes de ingresos muy recurrentes como son los impuestos, como se pase de la raya endeudándose, algo que está estos últimos años a la orden del día, más si cabe tras el acelerón financiero de la pandemia, quién sabe lo que pudiera pasar. Es un poco como las pensiones públicas, están aseguradas hasta que el Estado no sea capaz de pagarlas. ¿Es probable que quiebre el Estado? No, desde luego que no; ¿imposible? Tampoco. Por si acaso, si acabas convirtiéndote en funcionario, nunca está de más ahorrar todos los meses por lo que pudiera pasar (y si no pasa nada, pues eso que te llevas).

¿Vale todo el mundo para opositar con éxito?

Preparar una oposición básicamente consiste en hacer lo que os cuento en este libro, a saber, tener buenos apuntes, ser muy constante en el estudio, estar muy centrado en el mismo, alejando toda posible distracción, y hacerlo durante mucho tiempo. Un día, otro día, otro día...

A veces no puedo evitar pensar en el hecho de que la mayoría de compañeros de clase a los que les comentaba cómo me organizaba yo con el estudio, les parecía que era un exagerado. De estos como hemos visto, un porcentaje muy elevado iban directos a la preparación de oposiciones, en la que te toca hacer eso que veían tan loco, tan exagerado, multiplicado por varias veces.

Hay quien se adapta si cree de verdad en un sueño. Mi mejor amigo de la carrera, tras acabarla, dio un giro de trescientos sesenta grados, y pasó como estudiante en el día a día a ser otro. No te queda otra, o pagas el precio o no la vas a sacar (incluso pagándolo, estadísticamente lo normal es que muchos se queden por el camino).

Yo soy de la opinión, y ya acabo con las oposiciones, de que buena parte del alumnado de Derecho se ve forzado, entre comillas, a opositar por lo que ve en el sector privado. Luego veremos que efectivamente no es el panorama muy halagüeño, pero a diferencia de las oposiciones, en las que todo es blanco o negro, aprobar la oposición o no aprobarla, hay una gran gama de grises, y luego hay muchas personas que encuentran su lugar en el sector privado.

18

Abogacía

Si algo tiene el ejercicio de la profesión de Abogado, es que cada caso a abordar por el profesional es un mundo, algo que convierte a la profesión en un reto constante y, por qué no decirlo, en muy entretenida. Por otro lado, no son pocos los retos que enfrenta el colectivo hoy día.

Respecto a la Abogacía como profesión, debemos diferenciar al Abogado que trabaja por cuenta propia, o en otras palabras, el Abogado autónomo, y el Abogado por cuenta ajena, que es de facto un trabajador.

Abogacía por cuenta propia

Desde el punto de vista estrictamente económico, pensando en los intereses del lector de esta obra, hay que señalar que la Abogacía no es mal negocio, siempre y cuando tu cartera de clientes sea lo suficientemente holgada, y siempre que estos no vengan por el turno de oficio.

El problema aquí es doble, por un lado hay muchos Abogados, y por otra el listón para acceder al turno de oficio por parte de la ciudadanía, a la justicia gratuita o pública en definitiva, se encuentra relativamente alto (o mejor dicho, no se adapta a las circunstancias económicas de cada región de nuestro país). Esto último no sería en la práctica un impedimento para el colectivo de Abogados, si no fuese por el hecho de que objetivamente la remuneración que se percibe por los servicios prestados a los clientes que acuden por esta vía es más bien exigua.

Todo el mundo tiene un amigo o familiar Abogado: ¿por qué hay tantos en España? La respuesta seguramente es múltiple. Por un lado, Derecho siempre ha sido una carrera comodín, en el sentido de que todo aquel que no tuviera demasiado claro qué estudios cursar, acababa en un porcentaje elevado de los casos estudiando Derecho ("que te abre muchas puertas y tiene muchas salidas laborales"). A esto se le sumaba, que cualquier persona que acabase la carrera podía ejercer como Abogado (y como tal y cómo he comentado, los emolumentos del Abogado, si el cliente no proviene del turno de oficio, tienden a ser relativamente elevados, la tentación cuando surgía algún caso, se dedicase más o menos a la Abogacía el licenciado en cuestión, era aceptar el caso y apañárselas para sacarlo adelante -algo que no dejaba en muy buen lugar al colectivo por otro lado, porque la calidad del servicio tendería en estos casos a ser menor a la de un Abogado con una mínima experiencia-).

La oferta de plazas para estudiar Derecho en nuestras universidades es muy alta, lo que da lugar a que por lo general la nota de acceso exigida tienda a ser más bien baja. Con un cada vez mayor desempleo en otras carreras del ámbito de las letras, tiene sentido pensar que fuese aumentando la demanda para estudiar Derecho, mientras que por otro lado la oferta de servicios jurídicos, por parte de la ciudadanía, se tendería a mantener estable, lo que da lugar a lo que en economía práctica se denomina exceso de capacidad (demasiados Abogados, vaya).

Con el objeto de elevar la calidad del servicio, y de racionalizar el mercado laboral de los Abogados, se estableció hace relativamente poco la obligación, para acceder a la profesión, de cursar un máster o equivalente, de año y medio de duración, y de aprobar un examen tras superar este.

Realmente, cuando estudias Derecho, y no piensas desde la perspectiva del Abogado sino desde la del estudiante, puede resultar un fastidio tener que dedicar más años al estudio universitario. Sin embargo, el aspirante a Abogado debería alegrarse, porque por fin dejarán de competir con él todos esos Licenciados y Graduados en Derecho que se dedicaban puntualmente a la profesión simple y llanamente porque podían, y porque los clientes no siempre reflexionan acerca de si es lo mismo un Abogado habituado a ejercer, que uno que se dedica a otros menesteres habitualmente, y una vez cada varios años lleva el caso que le ha surgido porque el vecino del quinto piso tiene un problema legal (algo por otro lado no achacable al ciudadano, que conocer la importancia o no de esto).

Yo tuve ocasión de realizar este postgrado en el Colegio de Abogados de Cádiz, y tras hacerlo, debo decir que uno sale de la carrera, en lo que a ejercer la Abogacía se refiere, muy verde, por lo que en este aspecto también es positiva su implantación. Esto antes, cuando el Licenciado quería verdaderamente dedicarse a la Abogacía, se suplía con el aprendizaje de las pasantías, pero como he referido, se daban muchos Abogados paracaidistas, que aprovechaban que no se cobraba mal para llevar casos puntuales para los que en principio no tenían la mejor preparación.

El problema del listón del turno de oficio tiene poca solución. En ciudades como la mía propia, Jerez de la Frontera, es reducido el porcentaje de la población que no tiene derecho a la justicia gratuita. Y como de esta no se vive, porque como he mencionado la remuneración es bastante pobre, se le complica el asunto al nuevo Abogado que decide montar su propio despacho (además de que tienes que esperar varios años para poder acceder al Turno).

Como he comentado, el negocio per se no es malo, si logras la suficiente clientela. Tienes una base de gastos fijos relativamente baja, el alquiler, la cuota de autónomo y la del Colegio de Abogados, y poco más. El reto es más bien aguantar hasta que uno vaya teniendo más clientes, que a su vez a través del boca a boca nos irán recomendando (esto por supuesto, si les damos un servicio que esté a la altura).

Lo bueno, es que como la demanda de servicios jurídicos se mantendrá previsiblemente estable, y cada año se tenderá a reducir el número de Abogados en activo, la situación tendría sentido pensar que irá a mejor.

Además, como se ha mencionado, y desde mi subjetivo punto de vista como Abogado, cobrar lo que se dice cobrar, a los clientes que no vienen del turno de oficio no les cobramos mal por nuestro trabajo. Así, si bien los primeros años, o incluso el primer lustro, puede ser ruinoso ser Abogado por cuenta propia, cuando la clientela empieza a ser mayor el Abogado puede ir cobrando más y recuperando el tiempo, entre comillas, invertido.

Abogado por cuenta ajena

Abogado por cuenta ajena es aquel que presta sus servicios a un despacho profesional a cambio de un sueldo. Es la versión intermedia entre la Abogacía por cuenta propia y la oposición, porque da la estabilidad que aporta un salario fijo y el derecho a cobrar una indemnización en el caso de que te despidan.

El problema aquí es que aquellos Abogados que gestionan un despacho, y que contratan a otros Abogados, son conscientes de lo mal que está la situación, de que los Abogados por cuenta propia lo tienen complicado si no son muy pacientes (pacientes, y con los suficientes ahorros como para aguantar unos años hasta que su actividad no sea deficitaria).

El problema que surge, es que ahora el recién Graduado sale de la carrera, se forma con su Máster en Abogacía, en el que también realiza prácticas en despachos, aprueba su examen de acceso y descubre que, si quiere trabajar para un despacho, estos esperan de él que se tire varios años como pasante. Y aunque legal no es, y quizás a alguien de fuera le escandalice, se tiende a no pagar, o pagar miserias a los pasantes (que levante la mano el Abogado que no ha trabajado únicamente a cambio del aprendizaje).

Por supuesto, esto no sucede en los despachos medianos y grandes (o al menos no debería, porque están más controlados y son también a priori más rentables que sus homólogos más pequeños). Pero la mayoría de la oferta de trabajo para Abogados no se da en estos despachos más grandes, sino en los pequeños, de ámbito normalmente local (quizás pudiera parecer lo contrario observando las ofertas de trabajo, pero hay que tener en cuenta que nadie publica una oferta de trabajo en la que pretende no pagarle nada a su empleado durante años).

Tras un par de años de pasantías, algo de renombre y contactos que han ido surgiendo en su día a día, el Abogado por cuenta ajena suele dar el paso luego de montar su propio despacho, pasándose al lado de los Abogados por cuenta propia (cuesta trabajar por cuatro duros cuando ves que la facturación que procede de tu trabajo es bastante superior).

De esta forma por lo general la mayoría de Abogados acaba antes o después montando su propio despacho, bien individualmente o bien con socios de confianza. Es una profesión apasionante y que, como digo, a largo plazo si se es buen profesional no está mal pagada, pero los comienzos son muy duros (motivo por el cual seguramente hay tanta demanda de oposiciones procedentes de Graduados en Derecho).

Consejos para estudiantes de Derecho que aspiren a convertirse en Abogados

Además de por supuesto, tratar de encarar de la forma más seria posible sus estudios, ya que al fin y al cabo luego aplicaréis lo aprendido, podría destacar algunas especialidades.

Así, a un futuro Abogado le recomendaría más si cabe el mejorar lo máximo posible su expresión escrita y oral, así como su comprensión lectora. En la profesión se lee mucho, se redacta mucho, y se transmite mucho oralmente, en público. Redactar y expresarse oralmente bien es algo que agradecerá no solamente Su Señoría, sino también tus clientes, que normalmente echarán un ojo a tus escritos y si se tercia te escucharán en sala. Si además de bueno lo pareces, estos tenderán a recomendarte más, y como he comentado el problema en los inicios es la falta una cartera de clientes suficientemente amplia.

Como he tenido oportunidad de mencionar, publicar regularmente en un blog va muy bien para acostumbrarnos a redactar, y lo mismo se puede decir respecto a un canal de vídeos o un podcast a los efectos de la expresión oral. También haría yo hincapié en la lectura, ya que mejorará tu comprensión lectora y la riqueza de tu vocabulario.

Animaría también a acudir mucho a Juzgados y Tribunales. Además de que se aprende bastante, estoy convencido de que ver a los Abogados y demás partes en sala os motivará para enfrentar con más ganas el estudio de la carrera (y nunca se sabe a quién vas a conocer por allí, a mi por ejemplo me surgieron unas pasantías entablando conversación con un Abogado, durante una pausa entre juicio y juicio).

También sería lo ideal buscar realizar prácticas durante la carrera, además de las que se exigen obligatoriamente por el Grado. Iréis aprendiendo mucho, os irán conociendo e iréis enriqueciendo vuestro currículum.

Y finalmente, os recalcaría el no perder de vista la importancia de los contactos. Un Abogado nunca sabe dónde va a conocer a una persona que necesita de sus servicios, hay que salir y relacionarse.

19

Banca y seguros

Una de las salidas laborales clásicas de la carrera de Derecho siempre ha sido el entrar a trabajar en el sector bancario o asegurador. Si bien en menor medida esto sigue siendo así, hay que tener en cuenta que sendos sectores se encuentran de capa caída, y que las labores a desempeñar en estos ya no la que solía ser.

El declive del sector bancario y asegurador

El negocio de los bancos y de las aseguradoras tiene algo en común, y es que los dos dependen mayoritariamente de los intereses que puedan obtener prestando dinero, bien a gobiernos, caso principalmente de las aseguradoras, aunque también en menor medida de los bancos, y en el caso de estos últimos, también a particulares que quieren comprarse una vivienda, o bien a empresas.

El negocio tradicional de los bancos consiste en recibir dinero de los clientes, cuando estos los depositan en sus cuentas bancarias o bien cuando abren un depósito a plazo fijo, para luego prestarlo a terceros. El problema de los bancos es que estos terceros, desde hace ya bastantes años pagan un tipo de interés muy bajo, en ocasiones incluso negativo. Y como no ganan dinero por aquí, tratan de solventarlo reduciendo costes, a través del cierre de oficinas, y aumentando ingresos de otros negocios, como es el de los productos financieros.

A las aseguradoras les sucede algo similar. Sus clientes contratan un seguro, y van periódicamente pagando unas primas. Como las aseguradoras no saben cuándo van a tener que pagar a sus clientes, al darse la circunstancia asegurada, un accidente de coche por ejemplo, mientras tanto prestan ese dinero, normalmente a Estados. Y la deuda de los Estados presenta hoy día, y lleva así años, un tipo de interés cercano a cero.

Como las aseguradoras ganan muy poco dinero por las primas, y realmente su negocio está en mover ese dinero a través de préstamos y otras inversiones, no les ha quedado otra que hacer como los bancos, reduciendo costes por un lado, y tratando de comercializar productos financieros por otro.

¿En qué afecta este declive a los recién Graduados en Derecho?

El principal efecto es que ya no te contratan normalmente para asesorar a los clientes, sino para venderles productos financieros. Ya no eres un asesor sino un comercial. Y ser comercial no tiene nada de malo, pero se trata de eso, de vender, no de asesorar, no a todo el mundo se le da bien ni es una actividad que le agrade (yo por ejemplo, si no tuviese plena libertad para escoger los mejores productos financieros para mis hipotéticos clientes, no me sentiría cómodo, y normalmente no es el caso).

Eso por un lado. Aparte como he comentado bancos y aseguradoras están en retirada en lo que a la plantilla se refiere. Y a los que contratan, suelen contratarlos como autónomos. La estabilidad es bastante limitada, ya que no te protege un contrato de trabajo, y si no cumples tus objetivos, que dada la necesidad de estas empresas por compensar que su negocio tradicional ya no les aporta beneficios es bastante alta, el resultado es que no es el mejor sector hoy día para trabajar.

Otras opciones dentro del sector asegurador y bancario

Además del mencionado perfil del comercial, existen por supuesto otras categorías profesiones dentro de estos dos sectores.

En el sector asegurador, y con nuestro perfil jurídico, podemos especializarnos con Derecho de los seguros, para tratar de encontrar trabajo como asesores jurídicos de las empresas aseguradoras. Además de por supuesto como Abogados (aunque aquí por lo he podido observar, suelen preferir encargarle estos asuntos a Abogados ya consolidados, a cambio de la correspondiente minuto, que contratar a personal).

Caso del sector bancario, pues similar. Aparte de la figura del asesor jurídico o el del Abogado especializado en Derecho bancario, existen y seguirán existiendo profesionales dedicados a las finanzas. Esos productos financieros son gestionados por profesionales, y para ello tendríamos que especializarnos, por ejemplo como he comentado a través de un máster.

De interesar el sector, recomendaría realizar prácticas mientras dure la carrera. Tras acabarla, se complica todo mucho, porque tienen incentivos en Seguridad Social e impuestos para contratar a becarios mientras dura la carrera, y no tras acabarla (es el ejemplo perfecto de cómo la legislación puede marginar a un colectivo más preparado que otro, pero es así, os lo adelanto por si os pudiera interesar).

Por supuesto, importante para los comerciales tener don de gentes. Esto desde luego o se tiene o no se tiene.

20

Docencia universitaria

Una salida profesional que no hay que descartar es la de la docencia, principalmente en la Universidad, de la que ya todos sabremos un poco porque como estudiantes lo hemos vivido. Aún así, os puedo contar algún aspecto más que os pudiera resultar de interés.

Expediente académico, máster y doctorado

Si bien no es requisito indispensable, de un futuro profesor universitario se tiende a esperar un buen expediente académico. Los casos que conozco de alumnos que o bien son hoy día profesores en la Universidad, o bien aspiran a serlo, tenían en común que habían obtenido buenas notas en su paso por el Grado en Derecho.

Además de esto último, tras acabar el Grado los aspirantes a profesores preparan un máster y su doctorado, normalmente en la materia que les gustaría impartir.

Quizás si te está costando acabar la carrera esta profesión no sea de primeras la ideal para ti, pero quién sabe, en ocasiones el problema no es de capacidad sino de organización, de centrarse, y una vez acabes el Grado nada te impedirá aspirar a completar tu máster y tu doctorado para intentar hacer carrera académica.

La profesión de docente universitario

Dominas un tema, te apasiona, y encima te pagan por transmitir a tus alumnos lo que sabes. Además, dedicas parte de tu tiempo a investigación, en un campo que a priori te interesa mucho, y en la sociedad es una ocupación muy bien reconocida, por motivos obvios.

Realmente en este sentido la de docente es la profesión perfecta. Aunque el camino para lograrlo es por lo general largo, y en lo económico quizás no es la más competitiva (al menos, salvando a catedráticos, que tenderán a tener un mejor salario). Charlando con algún profesor me comentaba que pagar estaba bastante mal pagado, y que tenían que tener otros trabajos complementarios. Supongo que dependerá del escalafón que tengas, y de si trabajas en la pública o en la privada.

Sería mucho pedir, tener el trabajo de tus sueños y encima estar muy bien remunerado. Como se suele decir, no se puede tener todo en esta vida. Igualmente ya descubriréis que dedicarte a lo que te gusta vale muchísimo, no tiene precio, y que de poco sirve ganar mucho dinero si tu día a día te resulta demasiado estresante o simplemente poco motivante (aquí por supuesto, cada persona es un mundo, y sus prioridades también).

Conclusiones, contacto y agradecimientos

Espero por encima de todo que os haya resultado la lectura provechosa, ya que el objetivo del libro siempre ha sido aspirar a ayudaros a acabar la carrera (de la mejor forma posible, por supuesto, ojalá acabéis con muchos sobresalientes, pero para empezar hay que ser capaz de acabarla). Quizás falta una asignatura, a impartir nada más aterrizar el alumno en la Universidad, para que no tengamos que ir aprendiendo estas obviedades que os cuento en el libro sobre la marcha, con toda la pérdida de tiempo y energías que supone (algo complicado por otro lado, porque hay temas quizás algo delicados, políticamente incorrectos para ser tratados abiertamente).

Si este libro lo lee algún profesor universitario, y algo de lo mencionado ha podido en alguna forma ofenderle o contrariarle, me disculpo de corazón por ello (guardo muy buen recuerdo de mis profesores, tanto de mi paso por el Grado como por los diferentes estudios de postgrado que he cursado). Como comenté en la introducción a la obra, esto es de facto una charla entre amigos o incluso entre familiares, entre una persona que superó esta etapa, y quiere contar su experiencia para ayudar a otros a que también lo logren. La única particularidad de esta charla es que de la misma queda constancia por escrito, espero que se juzgue como tal.

Para la mayoría de lectores, que sí seréis estudiantes de Derecho, o lo seréis próximamente, quería animaros a ser valientes en la vida y a atreveros con todo. Por otro lado, si os puedo aconsejar, con lo que esté en mi mano me tenéis a vuestra disposición en mi correo, que es el siguiente: javier.garciatiedra@mail.uca.es.

Para finalizar, quería pediros si os ha gustado el libro que incluyáis en Amazon una pequeña reseña. Estas nos dan la vida a los autores, tanto para sentir que el libro ha cumplido su función y en definitiva que ha gustado, como para aumentar nuestra visibilidad en la plataforma y llegar a más estudiantes a los que les pudiera interesar. De antemano, tenéis de verdad mi más sincero agradecimiento.

Como dirían en la antigua Roma, *Alea iacta est*, "La suerte está echada", está en vuestra mano y en la de nadie más tener éxito en Derecho, id a por todas.

www.ingramcontent.com/pod-product-compliance
Lightning Source LLC
Chambersburg PA
CBHW050245220526
45465CB00002B/559